新媒体从业人员能力素养

主　编　张景文　陈爱珊　郑　昕
副主编　王　岩　谢以坚　陈晓琳
　　　　张　雪　林雨翔

东北大学出版社
·沈　阳·

ⓒ 张景文　陈爱珊　郑　昕　**2024**

图书在版编目（CIP）数据

新媒体从业人员能力素养 / 张景文，陈爱珊，郑昕
主编． — 沈阳：东北大学出版社，2024.3
　　ISBN 978-7-5517-3511-7

　　Ⅰ．①新… Ⅱ．①张… ②陈… ③郑… Ⅲ．①编辑工
作—研究—中国 Ⅳ．①G232

中国国家版本馆 CIP 数据核字（2024）第 061373 号

出 版 者：东北大学出版社
　　　　　　地址：沈阳市和平区文化路三号巷 11 号
　　　　　　邮编：110819
　　　　　　电话：024-83680176（总编室）　　83687331（营销部）
　　　　　　传真：024-83687332（总编室）　　83680180（营销部）
　　　　　　网址：http：// press.neu.edu.cn
　　　　　　E-mail: neuph@neupress.com
印 刷 者：辽宁一诺广告印务有限公司
发 行 者：东北大学出版社
幅面尺寸：185 mm×260 mm
印　　张：12
字　　数：285 千字
出版时间：2024 年 3 月第 1 版
印刷时间：2024 年 3 月第 1 次印刷
策划编辑：牛连功
责任编辑：周　朦　王　佳
责任校对：王　旭
封面设计：潘正一
责任出版：初　茗

ISBN 978-7-5517-3511-7　　　　　　　　　　　　定　价：36.00 元

前　言

新媒体，是区别于传统媒体的一种新型传播媒介，正在不断创新和发展，其内涵也在不断完善和扩展，且涵盖的范畴极为宽广。新媒体的主要特征是开放性、交互性和虚拟性。各网络平台利用新媒体技术打破时空的限制，建立了虚拟的网络空间。人们通过虚拟的网络空间进行交流、学习、购物，极大丰富和方便了生活。

新时代背景下，媒体行业作为社会信息传播渠道，具有极为重要的发展价值。同时，新媒体岗位对从业人员有较高的要求。新媒体从业人员不仅要具备新媒体写作能力、新媒体运营能力、事务处理能力等基本素质，还要学习掌握一定的新媒体运营理念和信息素养，如人工智能、VR、AR及大数据分析和处理能力等，以适应新形势岗位需求。编者通过对新媒体岗位招聘需求进行分析，总结提炼出新媒体运营岗位需要的各项能力清单，并在各章节中进行讲解，通过项目式、案例式的教学方法，培养新媒体从业人员的岗位素养能力。

本教材以新媒体编辑和新媒体运营两种岗位能力为核心，以培养符合市场需求的具有编辑能力及综合性能力的新媒体从业人员为目标进行编写。本教材共六个项目，包括新媒体从业能力素养概览；新媒体信息素养要求；新媒体文案撰写素养要求；掌握微信公众平台运营，构建新媒体推文引流矩阵；新媒体摄影与摄像基础；新媒体视频剪辑入门。其中，项目一主要对新媒体行业进行概述，项目二主要对信息技术素养进行概述，项目三和项目四主要介绍与新媒体文字与运营相关的内容，项目五和项目六主要介绍与新媒体编辑相关的各类技术。本教材的内容设定，旨在让相关专业学生和从业人员在文字表达能力、策划能力、运营和编辑能力、项目管理能力、渠道整合能力及数据分析能力、音视频剪辑能力上形成一个综合的能力体系。

本教材主要有以下五个特点。

（1）模式新颖。本教材强调在新媒体数字时代中，提高相关专业学生和从业人员的问题解决和路径创新能力，以及各类编辑出版资源整合能力，以便挖掘更丰富的行业信息，做到与时俱进、开拓创新，加深对行业和社会的了解。

（2）内容适度够用。本教材充分考虑职业院校学生及相关社会人员的特点，所设计的内容适度够用，既有新媒体从业人员的基础知识，也有一定的理论知识。各项目中的案例也建立在学生能做和会做的基础上，从易到难，重点在于培养学生的应用能力。

（3）关注学生发展。本教材在内容编排上考虑到学生职业发展，将理论、操作和应用三者紧密结合，满足学生考证和升学需要，能够提高学生学习兴趣，培养学生独立思考及创新能力。

（4）注重课程思政。本教材将课程思政内容贯穿整体，以润物无声的方式引导学生树立正确的世界观、人生观和价值观。

（5）贯穿核心素养。本教材在实践中构建知识系统，并按照岗位需要和技术要求，指导学生横向掌握运营模式、运营方法、运营技巧、营销策略，纵向运用微博、微信、抖音等新媒体工具进行营销，同时培养学生对社会热点事件、行业实例的分析处理能力和敏感度。

本教材由张景文、陈爱珊、郑昕担任主编，王岩、谢以坚、陈晓琳、张雪、林雨翔担任副主编。其中，项目一由张景文、陈爱珊、陈晓琳编写，项目二由张景文、张雪编写，项目三由陈爱珊、王岩、谢以坚编写，项目四由陈晓琳编写，项目五由郑昕编写，项目六由林雨翔、郑昕编写。本教材由张景文、陈爱珊、郑昕负责统稿。

由于编者水平有限，加之编写时间仓促，本教材难免存在不足之处，恳请广大读者提出宝贵意见。

编　者

2023 年 8 月

目　录

项目一　新媒体从业能力素养概览

本项目共有五个任务，可以让学习者对新媒体行业和新媒体从业人员需具备的基本能力要求有全面、清晰的认知。其中，任务一和任务二能够帮助学习者全面了解行业发展现状，以及行业的岗位分类和能力要求；任务三能够帮助学习者了解新媒体活动的组织形式与特点；任务四能够帮助学习者了解新媒体文字撰写的分类及能力要求；任务五能够帮助学习者了解新媒体运营的信息技术能力要求及常用软件。

【知识目标】

了解新媒体行业特点、新媒体从业人员需具备的能力技巧，以及新媒体从业人员的学习和工作思路。

【能力目标】

培养新媒体从业人员的新媒体技能与素养意识。

【素质目标】

通过学习与浏览知识，了解新媒体行业的职业要求和道德规范，提高新媒体从业人员在新媒体环境下的国家安全意识。

【知识链接】

（1）新媒体：以数字、计算机网络、移动通信技术等新兴技术为依托，以网络媒体、手机媒体、互动性电视媒体等新兴媒体为主要载体的产业类型，是文化创意产业的重要组成部分。新媒体产业链包括内容提供商、软件及技术提供商、网络运营商、平台运营商、终端提供商、受众、监测机构等。

（2）自媒体：以现代化、电子化手段，向不特定的大多数或特定的个人传递规范性及非规范性信息的新媒体的总称。自媒体的内容以图文、短视频、动图、直播等为主。自媒体产业链上游为内容生产，中游为内容传播分发，下游为变现环节。自媒体盈利途径主要有平台流量补贴、广告、付费服务、产品销售收益等。

任务一　了解新媒体行业现况

我国正处于飞速发展的互联网时代，传统媒体向新媒体转型是大趋势。国外有Mate 和 X 等平台，国内有微信、微博和抖音等平台。2023 年 8 月由中国互联网络信息中心发布的《第 52 次中国互联网络发展状况统计报告》显示，我国数字经济蓬勃发展，截至 2023 年 6 月，我国手机用户规模达 10.76 亿人，即时通信、网络视频和短视频用户规模分别达 10.47 亿人、10.44 亿人和 10.26 亿人。新媒体营销的受众面大，人群结构呈多样性，基本能实现全民覆盖。

新媒体产业作为文化创意产业的重要组成部分，既是第三产业的重要分支，又是国民经济发展不可分割的有机成分。5G 移动网络时代的到来，对发展新媒体有着很大的推动力。互联网新媒体已经成为重要的信息传播渠道，对社会经济发展和民众日常生活产生了巨大影响。

在新媒体时代，行业发展呈现出多元化的特点。

一、传统媒体在转变

传统媒体主要是指电视、广播、报纸、杂志等。目前，传统媒体已经不能满足人们日益增长的信息需求。许多传统媒体企业都在转型，即涉足新媒体领域。新媒体行业包括移动应用、社交媒体、在线视频、内容创作、数字出版等领域。这些领域正快速发展，并带来了巨大的机遇。传统新闻机构利用新技术手段（如内容标准化、内容付费、内容定制化、数字广告技术等），创造了新的价值。作为拥有最大互联网用户群体的市场，我国新媒体市场发展规模越来越大。2015—2024 年中国新媒体行业市场规模统计见图 1-1。

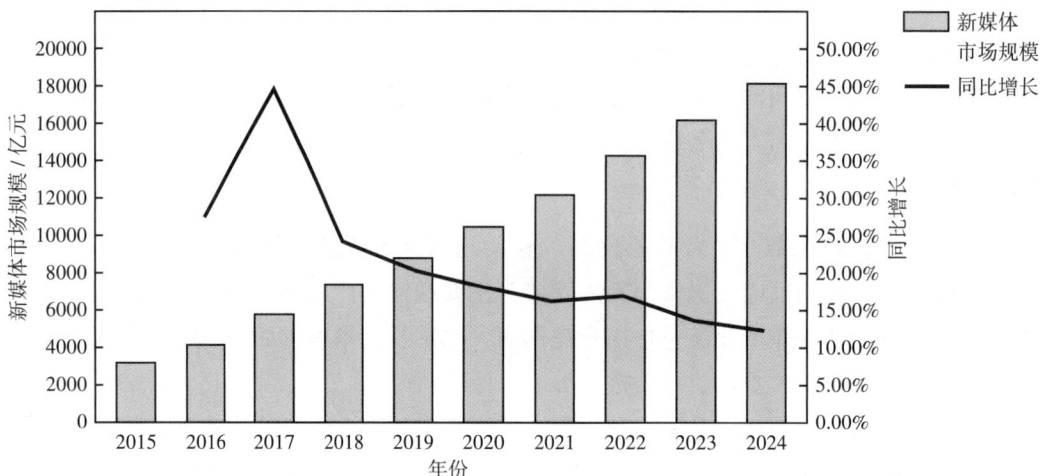

图 1-1 2015—2024 年中国新媒体行业市场规模统计

(资源来源：东方财富网智研咨询)

二、行业发展与人才需要之间的矛盾

新媒体行业正处于快速发展阶段。2021 年，国家广播电视总局发布了《2021 年全国广播电视行业统计公报》。该公报显示全国广播电视行业总收入首次突破 1 万亿元，其中新媒体广告收入增长迅速，超过 2000 亿元。随着国内科技和互联网的不断发展，各式各样的社交软件陆续推出市场，企业可以通过网络进行宣传及其他一系列工作，很多企业逐渐重视新媒体平台建设，因此，对新媒体运营人员的需求也在不断提升。

行业新兴，较少出现针对性人才，新媒体行业理论知识尚不完善，行业发展过程中遇到不少瓶颈和障碍；而且以传统媒体方式解决新媒体行业问题，导致工作内容十分烦琐，不成体系。目前，新媒体行业人才的市场需求大、缺口大，所以在工具多样化、产品趋同化发展的前提下，经过专业培训的新媒体行业人才更受青睐。

三、新媒体市场技术发展

新媒体行业不仅存在挑战，而且充满机遇。对于有能力的人来说，这是一个可以创造奇迹的时代。在新的传媒时代，新媒体更广泛地渗入人们日常生活，实现了万物互联。人工智能（AI）、虚拟现实（VR）、增强现实（AR）等各类新技术将极大地改变人们未来的生活。

（一）短视频的兴起

短视频作为新媒体的重要组成部分，内容短平快且多姿多彩，适应当前快节奏的生活。目前，短视频平台有抖音、快手和微信视频号等，它们均在飞速发展中。其中，微信视频号通过持续孵化和培养，在多个领域都体现出了新的商机。

（二）虚拟现实技术丰富新媒体的内涵

虚拟现实技术中有一门新技术——虚拟演播室技术。该技术是以虚拟演播室为载体，极大地突破了时间和空间的限制，既使人们切身感受真实的传媒应用场景，获得自由创意空间，也使新媒体的表现形式更加多元立体。

四、自媒体的兴起与风险

自媒体是指计算机网络用户个人向其他网络用户或不特定的用户群传布、分享自己所见所闻及发表意见的新媒体平台。自媒体是信息时代的产物。自媒体的特点是种类繁多复杂，各行各业的人都能在自媒体有所发展。自媒体的出现给传统媒体带来巨大冲击。在自媒体平台（如微博、微信等），普通人也能够发布信息，而且这些信息能够得到广泛传播。

需要注意的是，新媒体平台上可能充斥着大量的虚假信息。因此，从事新媒体的团队和个人应当保持职业操守，做到行业自律。同时，有关部门应完善相关法规与制度，加大监管力度，以遏制不实信息在新媒体平台上的流传。

五、行业竞争日益加大

当前，国内短视频庞大的市场规模正吸引各类媒体进驻短视频平台，形成传统媒体、专业化媒体和市场化媒体共同参与、多元行动、多样实践、同生共存的多生态媒介格局。新媒体竞争处于白热化状态，已经从图文战场延伸到短视频战场，未来可能会扩展到虚拟战场。这使得行业对新媒体从业人员的要求越来越高。传统媒体纷纷开始围绕"媒体融合"进行转型升级。

在内容生产、平台分发和用户反馈的新变革背景下，行业蛋糕越来越大，但分蛋糕的人越来越多，这意味着只有分蛋糕的技术越来越高，才能在竞争中做大做强，分到属于自己的一块蛋糕。

扩展探索 >>>

1. 本地近些年新媒体行业有哪些发展？

2. 本地的报纸、杂志、电视台等新成立了哪些与新媒体相关的部门和岗位？

3. 调查自己和身边朋友最常使用的新媒体软件或平台，谈谈它们对自身生活和工作产生了什么样的影响。

任务二　了解新媒体时代岗位分类及能力要求

随着新媒体行业的蓬勃发展，人们的阅读习惯发生了巨大转变。在这样的时代背景下，传播方式迎来了变革，新媒体行业的相应岗位分类也应运而生。目前，根据编者的统计和调查，新媒体行业的岗位大概可以分成新媒体记者、新媒体编辑、新媒体运营或营销三大类。由于是新兴行业，新媒体行业各岗位边界并不是很明晰，更强调一种综合性能力要求，如新媒体编辑也要求具备信息采集和运营的能力。新媒体岗位能力和普通岗位能力相比，对任职人员的思路灵活度、创意、逻辑都有较高要求，而运营者要具有对新媒体与新终端的学习及应变能力。

一、新媒体常见的工作岗位

（一）新媒体记者

新媒体记者是指能根据企业品牌形象定位及实时热点独立完成原创文章生产的人员。新媒体记者应具有优秀的原创内容能力、沟通能力及新闻敏感度。但在实际工作中，新媒体记者与新媒体运营既可能是分开的，也可能是同时存在的。例如，在中小企业或自媒体人力资源有限的情况下，同一人员经常要兼任这两种岗位。

在大数据时代，往往第一手材料并不一定是现场采访的内容，由于网络的发展，记者同样可以在屏幕前获取一线资料。面对海量信息，新媒体记者通过网络获取信息时，应保持高度敏感性，及时在数据海洋中发现有用资讯，挖掘和提取有用资料并形成自己的观点。新媒体记者最稀缺的能力不是产生内容的多少，而是生产有质量的内容。

（二）新媒体编辑

新媒体编辑的主要目标是提升企业账号或运营账号在各个新媒体渠道的影响力和权威性，树立起良好的品牌形象。其职责是基于品牌定位及热点策划，进行内容选题定调。新媒体编辑的岗位职责如下：对微信、微博、抖音等平台的账号进行运营，要求可以独立完成选题策划、内容编写、短视频制作等内容，包括内容推送；根据平台进行线上、线下的活动策划和组织；对数据进行分析和整理，提出优化建议，及时对策略进行调整。新媒体编辑在新闻敏感度、内容把控力、熟悉平台规则及审美方面应有较强的能力。

（三）新媒体运营或营销

新媒体运营或营销的岗位职责包括媒体内容生产、渠道运营、商务合作、活动策划等，需具备用户调研、数据分析、文案策划和沟通合作等能力。新媒体运营或营销的工作内容与新媒体记者和新媒体编辑的工作内容有一定重合，其主要工作是精准获取潜在用户，提高转化率。新媒体运营或营销人员要确定清晰且可以执行的项目目标，制定可以实现的策略，并在运作过程中不断地监测和优化项目成效；需具有强大的数据分析和转化能力，具备敏锐的信息捕捉能力；在运营过程中，更要具备一定的统筹规划能力，确保将自身想法落到实处。

二、新媒体工作综合能力要求

新媒介素养主要指人们面对不同媒体形式与信息资源表现出的判断力、选择能力、质疑能力，以及基于多种媒体信息表现的创造力、反应能力与优化整合能力等。具体而言，新媒体从业人员不仅要有统筹全局的能力，还要懂文案撰写、会设计、能运营、有技术、爱学习。只有掌握的技能越多、知识面越广，新媒体从业人员的能力才会越高。

（一）较好的文字表达能力

文案撰写，是新媒体运营的一项必备技能。新媒体从业人员在看待事物的角度和方法上，要有多样性；面对主题创作时，应具备触发多个写作方案及不同联想创意的能力。对于图文消息和短视频来说，新闻动态、脚本、视频主题策划等都需要文案，而一两句有新意和用心的文案，可以感动和激励读者。

（二）素材采集整理和图片视频编辑能力

1. 素材采集整理能力

新媒体从业人员需要对海量信息进行有效采编、过滤、汇总、二次创作，以满足受众对新闻信息的需求。新媒体从业人员每天面对海量信息，需对这些信息进行处理和整合，同时要关注社会发展形势，具备较强的观察力和敏感度，并在对信息处理和整合之前，明白用户需要什么、对什么感兴趣。信息处理和整合的目的是提取有价值的信息，再将这些信息通过编辑呈现出准确、快速、有内涵的新闻。

2. 图片编辑能力

新媒体从业人员的基本工作是排版，确定主题和内容后，需要围绕主题对文章进行排版。除了基础的编辑排版工作，还要进行H5、海报设计工作。文章封面、视频封面、小红书内容图片制作等都需要图片处理技术。

3. 视频拍摄与编辑能力

随着近两年短视频平台的兴起，很多新媒体从业人员的招聘条件中都包括视频拍摄和编辑能力。在视频拍摄中，需要新媒体从业人员具备机位的安排、镜头移动（即推、拉、摇、移等）等技术能力。视频剪辑能力包括剪辑的素材导入和根据需求裁剪，以及添加字幕、背景音乐、贴纸、转场效果等。

（三）项目管理能力

新媒体从业人员需要具备一定的计划和统筹工作的能力，要有规划、有反馈地完成工作；同时，利用各类资源，将线上账号、线下门店、户外广告等进行整合，借助更多的力量进行推广，将运营效益最大化。例如，商家或平台需要利用一些特殊的节点做活动，达到某些特定的目的，如提升销售额、增加用户体量等。

（四）人际沟通能力

新媒体从业人员应具备一定的沟通能力，能将需求表达清楚并与同事协作完成工作，确保项目落地。对于把握关键进程，新媒体从业人员的沟通能力很重要。他们需要和客户沟通，了解客户需求，并利用专业知识给出解决方案，同时协调利用好手上的资源，集中力量做好项目。

（五）跟踪热点能力

新媒体从业人员应具备捕捉热点的智慧思维，有敏锐度，能及时跟进热点。在跟进热点的同时，还要与运营的定位相结合，善于抓住读者内心情感，达到宣传效果。

（六）数据分析能力

新媒体从业人员需具备基本的数据分析技能，善于运用工具进行数据分析、整理、监控和处理。数据是运营的根本。在精细化运营时代，无论是用户运营、新媒体运营，还是产品运营、活动运营等，数据分析能力都是新媒体从业人员必须具备的能力。该能力主要包括内容阅读或观看、粉丝数据分析、用户画像分析、收益分析四个方面。

常见的通用数据指标有网站独立访客（UV）、页面浏览量（PV）、日活跃用户数量（DAU）、月活跃用户人数（MAU）、转化率、留存率、流失率、复购率等。通过数据分析，新媒体从业人员可以根据运营效果，及时反馈，修正路线。例如，根据微信公众号发布的图文播放量、阅读量、点赞量掌握流量密码，掌握用户关注的问题。

（七）遵守社会道德规范，保持对时政的敏感性

新媒体从业人员作为新媒体平台的经营者，直接影响我国的网络安全。新媒体编辑工作要具有职业精神，强调以服务新闻大众为宗旨，遵循真实、客观、公正等原则。坚守职业精神，对增强新媒体从业人员的责任感与践行力具有重要意义。

新媒体从业人员应保持思维独立，关注民主、平等、公正等热点问题，热心参与社会活动，有高度的社会责任感和使命感，充分发挥新媒体的独特优势。从全新的视角对新闻事件进行深层次解读，拓宽新闻报道的视野及视角，挖掘新闻事件深层次的意义和价值，从而推进社会公平正义。

三、如何提升新媒体工作的岗位能力

（一）积极学习，懂得借鉴成功案例

新媒体行业是个瞬息万变的行业，所以新媒体从业人员要时刻跟进行业的发展变化，调整自身，通过不断的学习来充实自己。

1. 重视基础知识的积累

培养广泛的爱好及强烈的好奇心，学习一般性知识，主要通过博览群书涉猎相关领

域；不断输入具体行业的新知识，以充实自身内涵。只有具备了充足的基础知识，才能写出较为专业的文案，文案的内容才会具有说服力。

2. 多浏览优质的新媒体营销知识

多看运营知识或运营经验分享；学习关于运营知识的网课；关注与运营相关的微信公众号，或者关注网络上与运营相关的内容；等等。

3. 提升自身审美能力

审美能力，即能感悟欣赏到事物的美感，知道美的定义是什么，并能跟随时代的发展而提升。即使是简单的文字排版，有审美能力的人也能够做到整洁、协调和风格统一。

（二）敢于尝试，勇于创新

提升运营能力较为有效的方法是尝试和体验。实践能够带来更深刻的理解。新媒体从业人员在主持活动的过程中，会更加关注结果，尽全力对各环节进行优化，这些经历是案例分析时所没有的。

（三）具有总结与复盘的思维

在执行过程中，新媒体从业人员应做到及时调整总结。只有不断地试错、调整、总结，才能形成自己的运营经验及运营方法。新媒体从业人员想要做好运营，可以将自己的运营心得以文字的形式总结出来，有问题及时解决，时刻了解进展。

扩展探索 >>>

1. 列举我国国产图片和视频的编辑软件或应用程序（App），并阐述它们的优点。
2. 您认为从事新媒体营销最需要的能力是什么？为什么会这样认为？
3. 在媒体的素材收集过程中，需要注意什么？
4. 了解一下自己所在地区的电视台编辑岗位需要用到哪些新媒体知识和能力。

任务三 了解新媒体活动的组织形式与特点

新媒体营销是一种借助新媒体平台工具进行营销的方式，与传统媒体存在较大区别。新媒体营销基于移动互联网，打破时间、空间的限制，可以与消费者随时随地互动，使宣传与营销无处不在。清华大学熊澄宇教授认为，第一，新媒体是一个相对的概念，新对于旧而言；第二，新媒体是一个时间概念，在一定的时间段内代表这个时间段的新媒体形态；第三，新媒体是一个发展概念，它永远不会终结在某个固定的媒体形态上，即新媒体要不断更"新"。新媒体营销受众广泛且传播形式多样，不仅可以采用文字、图片的形式，还可以采用音频、视频等形式。新媒体营销人员要擅长借助大数据工具，为消费者提供更为及时与个性化的服务。

一、新媒体活动优势与特点

（一）信息提供去中心化

在新媒体平台上，往往是扁平化、去中心化的，即每个用户都可能成为信息的接收者与传播者。虽然新媒体平台信息传播的成本低，但是要重视信息对受众的价值。因此，做好内容是关键，如果用户可以自然地认可和接受，那么宣传与营销效果便水到渠成了。新媒体营销，必须把受众的需求放在首位，要以受众的需求为中心，并进行有效组织和归纳处理，沟通各种关系。新媒体活动的目的是为受众提供高价值内容。

（二）用户目标精准

在新媒体运营和营销中，新媒体从业人员需要有为受众群体进行画像的思维，即能够根据用户的资料信息、发布内容和显示的地理位置，大致分析出用户的喜好、兴趣方向；能够判断出哪些是目标用户，加强对目标用户的内容分享，提升运营效率。

（三）用户互动性强

新媒体用户除了关注信息外，也有社交互动等情感需求。对于平台上发布的内容，新媒体用户可以通过点赞、评论等方式进行互动。这种具有社交属性的新媒体互动方式与传统媒体互动方式有很大不同。

二、新媒体活动组织基本流程

（一）预设目标

开展活动前，要对结果进行预期，一般预设量化的指标，如影响力、流量、转化、转发、购买、流失等。通过数据监控活动，并对活动进行有效改进。

（二）活动前期调研

（1）用户分析：对潜在用户需求进行调研。

（2）调研内容：设定调研目的，确定目标人群和调研方法，调查人口属性（包括性别、年龄、教育程度、所在行业等）等信息。

（3）行为分析：对用户的点击数量、转发数量、转化频率，以及品牌影响力、购买数量进行统计。

（4）态度分析：用户的访问目的、被吸引的原因、期待，以及活动的优势、不足等。

（5）行为偏好：用户的日常爱好、获取信息渠道、偏好信息类型、关注领域等。

（三）调研总结

通过调研数据为目标群体进行群体画像和个人画像，总结受众地区、目标群体的喜好和对活动的态度等。一份精准的调研报告是创设主题和活动安排的重要参考。

（四）思维碰撞与创意收集

设定主题时，需要有可实施的创意，可以借鉴优秀案例。首先团队讨论，进行思维碰撞；然后收集创意，不断优化完善，为设定主题整理好材料。

（五）主题设计

主题设计时，可以借鉴成功案例，并结合自身情况进行设计。

（六）制定主题

制定主题有如下规划。

（1）策划活动：制定活动目标、活动主题、活动时间、活动流程、活动创意或玩法、推广渠道、资源需求、活动预算等。

（2）视觉设计：好的视觉设计将潜在用户带入场景，刻下品牌的烙印。

（3）活动方案：根据活动策划的初步构想，逐步形成活动方案。一个成功的活动方案要考虑资源协调、团队与客户沟通、抓关键节点、抓落实、反复预演和测试等因素。

一个好主题只有满足受众群体的情感需求（包括正义、围观、表现、利益、不甘、互助、要强、好奇等情绪），才能收到预期效果。

（七）活动执行

活动执行前需要与设计、开发、推广等同事进行充分的讨论，并准备好物料（如活动文案、宣传图片、视频等）。在正式开始前，有必要对活动进行一定流程的测试及验收。

在活动执行过程中，对工作人员的工作态度、沟通技巧及应变能力有一定要求。在活动执行过程中，需充分收集活动的数据与素材，为下一环节做好准备。

（八）二次传播

活动结束之后，可以将活动剪影集锦进行展示。在新媒体运营中，需要重点复盘活动是否实现目标，并指出活动在哪些方面需要解决哪些问题，从而在下一次活动中对问题进行改善。

◆ **案例分享**

校园创作比赛策划方案及流程

一、活动背景

在新中国成立××周年背景下，为推动社会主义精神文明建设，丰富校园文化生活，认识与把握新媒体的变化趋势与发展特点，利用新技术、新应用去创新传播方式，全面提升网络素养，××大学校学生会新媒体宣传中心特举办此次新媒体大赛。

二、活动目的

本次活动旨在发掘学校创作人才，突出"自主创新"的设计理念，培养学生综合能力，展现大学生的独特创意和新思维。通过新媒体创作，增强学生的创新意识，提高学生对艺术的感受力。

三、活动主题

弘扬新时代精神，助力新青年超越梦想

四、主办单位

××大学校学生会新媒体宣传中心

五、参赛对象

××大学全体在校生

六、具体内容

本次大赛分为两个板块。

第一板块：定格校园——手机摄影。

【作品形式】

参赛者以手机为摄影工具，上传电子版摄影作品。（仅限个人参赛）

【作品要求】

略。

第二板块：演绎校园——抖音短视频。

【作品形式】

参赛者以原创短视频为参赛作品。（个人或团队皆可参赛）

【作品要求】

略。

负责部门：××大学校学生会新媒体宣传中心影音创作部。

七、赛前准备

略。

八、比赛流程

1.宣传阶段：4月中旬

采用线上宣传方式，利用微信、微博等新媒体平台进行宣传，同时将方案宣传至各基层学院。

2.报名阶段：4月17日—5月1日

参赛人员或团队通过网络平台在线填写报名表，不限参赛板块数量，可多选。

3.作品上交：4月17日—5月1日

在此期间，参赛选手需将作品以特定形式（如链接、电子照片、视频）上传到大赛邮箱（××××××××××），注明参赛板块及作者的姓名、学院、联系方式。

4.评选阶段：5月7日—5月中旬

大赛主办方将邀请相关专业评委进行评分，评比结束后，选出优秀作品进行展示，署第一作者姓名。

一项新媒体活动能否成功，在于对目标受众是否有足够且持续的吸引力。活动过程要注意受众的参与性及互动性，更好地体现新媒体的特点和优势。例如，有的活动策划会把公益性引入活动，激发品牌在群众中的好感和注意力，有效地树立品牌形象。活动推广需要前期精心策划，以保障执行力和执行效果。执行力表现在具体的任务描绘、任务流程调整、执行人员、执行时间、突发事情的处置计划等。整个活动计划要进行反复推敲，不断优化。

扩展探索 >>>

1.你认为怎样才算是一次新媒体活动或一份营销方案？

2.×××房地产公司需要制定一份关于新楼盘的新媒体宣传方案，请问你有什么创意可以提供?

3.你认为怎样才算是一份成功的新媒体活动方案?

4.本任务案例"校园创作比赛策划方案及流程"中体现了新媒体的哪些元素和思维?你认为还有哪些环节可以加强新媒体的参与程度?如何加强?

任务四　新媒体活动的文案撰写能力

一、任务需求分析

目前,新媒体正处于快速发展时期。新媒体消费人群与日俱增,为企业、商家提供了一个巨大的潜在受众来源。如何通过新媒体平台推广文案策划,以增加受众数量,就成为摆在企业、商家面前的一个重要难题。在这样的背景下,新媒体从业人员面临着巨大的机会与挑战,下面从新媒体文案认知与分类,以及文案与营销的关系等方面,帮助学习者初步认识新媒体活动的文案撰写能力的重要性。

二、新媒体文案认知与分类

(一)新媒体文案认知

要了解新媒体文案,首先需要了解新媒体和文案的概念。如前所述,新媒体是指一种不同于报纸、杂志、广播、电视等传统媒介的新型媒介形式。因此,新媒体被认为是"第五媒体"。正常情况下,新媒体是利用数字技术、网络技术,通过互联网、宽带局域网、无线通信网络、卫星等渠道,以及计算机、移动电话、数字电视等终端,以通信的形式为用户提供信息和娱乐服务的。

新媒体可以分为四种类型,即网络新媒体、移动新媒体、新电视和其他新媒体。对于企业和商家来说,新媒体主要是指网络新媒体、手机新媒体,这两种类型的新媒体包括微博、微信和抖音等平台。

文案是广告的一种形式。文案来源于广告行业,是"广告文案"的简称,它是实现企业目标的表达形式。目前,对文案的界定有广义和狭义之分。从广义上讲,文案是指一切广告作品,有广告语言、文字、图片、创意等多种表现形式;从狭义上讲,文案是指广告作品中语言的一部分,如标题、副标题、广告语言、活动主题等文本。文案又是一种职业的称呼,作为职业出现,文案的英文为copywriter,译作文案写手,指专门创作广告文字的工作者。美国一家零售广告公司的总裁朱迪思·查尔斯(Judith Charles)曾表明"文案就是坐在键盘后面的销售人员",这直接说明了文案工作就是通过设计信息,使内容更容易理解、更容易找到、更容易记住,甚至更容易重新发布。新媒体文案的复制和重新发布主要基于新媒体(移动互联网媒体),注重广告内容和创意的输出。

互联网的兴起使得社会化传播渠道由传统媒体向新媒体倾斜,变得更具有社交感。从文案写作角度来看,新媒体文案需要从传统媒体进化到新媒体;从文案产生价值来看,新媒体文案不仅具有传统媒体文案所具有的品牌价值,还具有崭新的传播价值。

图1-2为抖音短视频平台新媒体文案。该文案展示了抖音短视频利用视频记录新生代音乐的品牌定位，极具传播价值，且传递了"记录美好生活"的品牌精神。

图1-2　抖音短视频平台新媒体文案

新媒体文案通常需要体现出品牌的核心价值，这个核心价值由品牌所拥有的主要商品或服务的功能属性、享受属性决定，且该核心价值能为品牌定位提供内涵说明。文案写作者在创作新媒体文案时，要使文案符合品牌的核心价值，从而更好地巩固品牌形象在消费者心中的地位。

如图1-3所示，各新媒体文案都采取了不同的方式来体现品牌的核心价值。图1-3（a）所示新风机主打安装便捷、身材小巧的功能与价格属性，图1-3（b）所示零食商家则主要塑造可爱的品牌形象。

（a）　　　　　　　　　　　（b）

图1-3　体现品牌核心价值的新媒体文案

（二）新媒体文案的特点

新媒体文案的写作与传统文案的写作有共同之处，但由于传播渠道的不同和读者阅读习惯的变化，新媒体文案对写作有着不同的要求。与传统媒体相比，新媒体具有发布成本低、传播渠道及形式多元化、互动性强、目标人群更精准等特点。

1. 发布成本低

随着新媒体的兴起，广告信息的成本逐渐降低，各公司不断将其品牌推广预算转向新媒体，而新媒体的广告成本往往较传统媒体广告成本低很多。

2. 传播渠道及形式多元化

新媒体传播的渠道及形式是多元化的。新媒体文案传播渠道不限于QQ空间、微信公众号、微博、支付宝服务窗口等。许多企业为了占据多个传播渠道，会将相同的信息在不同的渠道或使用不同的文本进行发布。传播形式的多元化，使广告不仅能以文字的形式发布，还能以图形、视频、游戏等形式出现，从而使广告的形式实现了多元化。

3. 互动性强

与传统媒体相比，新媒体的拷贝传播不再是单向的输出，消费者可以利用微信、微博等社交媒体平台，直接与企业品牌方进行沟通和互动，从而达到品牌传播或销售的目的。

4. 目标人群更精准

新媒体平台有着明显的特点，如"00后"常用的视频网站为抖音短视频平台，而职场人群可能通过微信订阅号和朋友圈获得相关信息。

由于用户在新媒体平台上的各种行为都是通过数据记录的，因此企业可以根据目标群体有选择地推广和广告相关的信息，如为新生儿母亲推销母婴用品。各平台基于数据分析，可以将不同的信息内容推送给不同的人群。

（三）新媒体文案的类型

新媒体文案的价值通常在于传递电商品牌和商品的价值信息，让消费者了解品牌和商品，为电商后续的市场推广、商品销售等创造良好的氛围。新媒体拷贝通常被认为是电子商务拷贝的一种特殊类型，所以新媒体拷贝与电子商务拷贝的类型基本相同。

文案可以在多种新媒体传播渠道中发布，如微信公众号、朋友圈和微博等。因此，可以按照不同的传播渠道对新媒体文案进行分类。

1. 微信公众号文案

公共账号是目前微信营销的主战场，它包括服务编号、订阅编号两类。服务编号和订阅编号是目前电子商务文本发布的主要平台。微信公众号文案的营销形式主要是向已关注该公众号的粉丝推送文章，通过文章内容吸引粉丝并进行互动，以巩固粉丝对品牌的忠诚度，不断扩大影响力，让粉丝带来新的粉丝，从而提升整体营销效果。

图1-4所示分别是星巴克中国的微信公众号界面、公众号文案与文章后面的粉丝留言。与普通电商文案相比，微信公众号文案包含的信息更多，消费者需要花费更多的时间进行浏览；消费者可以通过留言的方式直接在公众号平台与商家进行互动。

图1-4　星巴克中国的微信公众号界面、公众号文案与文章后面的粉丝留言

2. 微博推广文案

微博是"微型博客"的简称，是一个基于社会关系获取、分享和传播短信息的社交网络平台。微博是除微信外的另一个主流新媒体平台。微博文案的推广侧重于价值转移、内容互动、系统布局和定位确定。现在，许多电商经常使用微博为品牌和商品进行推广和营销。

图1-5所示为白酒江小白的微博推广文案。该品牌通过在微博中发布各种文案，把品牌打造成了一种消费者认可的社交货币，以此使消费者、品牌和微博平台联系起来。这篇文案直击年轻消费者的情感痛点，在引起消费者产生共鸣的同时，使文案具备了传播和分享的因素，从而在微博平台获得了大量的转发及传播。

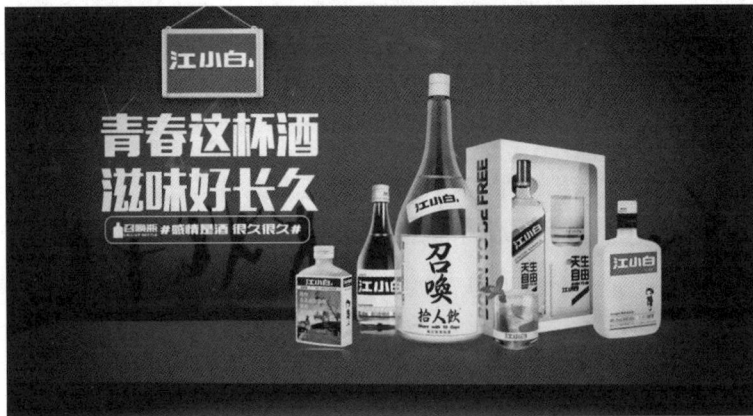

图1-5　白酒江小白的微博推广文案

3. 今日头条推广文案

今日头条是一个大型的内容聚合及展示平台，拥有非常庞大的用户群体和流量。该

平台基于数据挖掘的智能推荐引擎，快速向用户推荐有价值的个性化信息，是电子商务营销人员常用的推广渠道。在今日头条平台推广的文案能否吸引消费者的关注、打动消费者，是检验该文案营销推广效果好坏的关键。

图1-6所示为服装品牌Zara在今日头条上的促销文案。该文案首先利用标题引起了消费者的兴趣，并激发了消费者的阅读与讨论欲望；然后通过服装达人的搭配方案向消费者介绍了实用的服装搭配方法，使得该文案同时具备了传播价值和品牌价值。

图1-6　服装品牌Zara的今日头条推广文案（有改动）

4. 直播平台推广文案

网络直播作为一种新兴的信息传播方式，具有时效性强、传播速度快、互动性强的独特优势，是一种新兴的网络社交方式。网络直播的互动性非常强，电商可以通过该平台随时随地与消费者进行最直接的交流，这是目前新媒体中很热门的传播形式之一。直播内容主要有娱乐、游戏、体育、美食和购物等多种类型，且都能够被电商用于品牌和商品推广。在直播过程中，主播介绍内容及与消费者进行互动等都是通过语言完成的，这些语言表达的内容即构成了直播平台推广文案的主要内容。

图1-7所示为淘宝网中某直播频道的内容，其直播类型为购物类。此类直播通常采用"网红+内容"的输出方式，网红通常会根据事先写好的文案内容向消费者介绍品牌或商品，并与消费者进行实时互动。这种方式能让电商在获取消费者流量的同时，获得消费者较高的忠诚度。消费者可以通过直播平台直接购买推出的产品，从而为电商企业带来直接的经济效益。

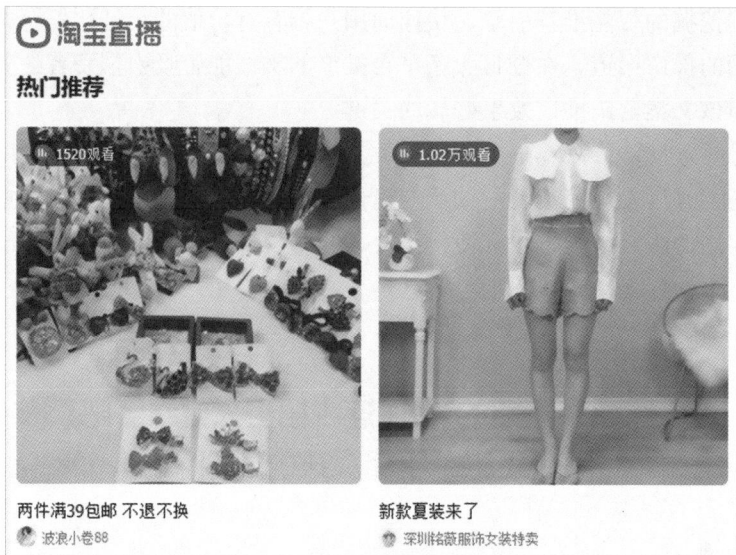

图1-7　淘宝某直播文案

5. 抖音短视频推广文案

短视频是一种可以在社交媒体平台上实时分享的新型视频。它主要依靠移动智能终端实现快速拍摄和美化编辑。抖音是目前较为流行的短视频平台之一。短视频和直播类似，也是文案、视觉、声音的多重结合，更容易刺激消费者的感官，激发他们情绪，引导他们进行购物。

图1-8所示的抖音短视频展示了食品保鲜膜的一项特殊功能——可以便捷地清理抽油烟机的滤油格。在该短视频中再配上"生活小妙招"的文案内容，可以使消费者很容易被吸引。如果消费者也是一位需要经常清理抽油烟机滤油格且认为这项工作比较麻烦的人，家中又正好没有食品保鲜膜，那么该消费者就会对这类商品感兴趣，在看完视频后可能会找食品保鲜膜的购买链接。

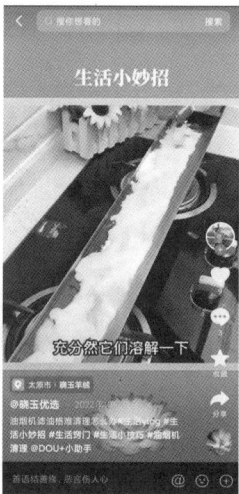

图1-8　某抖音短视频文案

三、文案与营销的关系

随着互联网时代的到来，基于网络平台传播的文案成为主流形式。大量文案以商业目的为写作的出发点，通过购物网站、论坛、微博和微信等电子商务平台及网络交流平台进行发布，达到获取消费者信任并引发其购买欲望的目的，这就是文案与营销的关系。对于商家来说，吸引消费者的注意力并说服消费者达成交易是一项十分重要的工作，而文案能以图文并茂的形式将商品展示给消费者，能让消费者第一时间被吸引，从而使其产生购买商品的动机。所以，撰写文案是商家推销商品、获得经济效益非常重要的手段。电商文案服务于电子商务领域，不管是文案主题表达，还是具体的商品信息传播，都是为了促进交易的产生和完成。

电商文案通常采用环环相扣的表达方式串联文章内容，不同的环节会有不同的侧重点和注重方向，每部分的文案表达都分工明确，让消费者能层层深入，使其逐渐对文案所表达的内容形成较为全面的认识，进而激发购买欲望。基于网络的特点，电商文案中的用语更加自由和时尚，文案写作者可以第一时间使用网络中流行的新词、热词来吸引消费者的关注。事实上，电商文案更像一种营销文案，它不仅展示了文案写作者的文字功底和创新能力，而且能与消费者直接进行沟通，通过文案所展示的内容说服消费者，从而使其产生购买行为。电商文案不仅仅是单一的文字信息，还可以利用图像、视频、超链接等要素来丰富文案的内容，使文案更具吸引力。

近几年非常热门的"软文"销售，更是值得关注。所谓"软文"营销，是指通过特定产品的概念诉求与问题分析，对消费者进行针对性心理引导的一种文字模式。从本质上来说，它是企业软性渗透的商业策略在广告形式上的实现，通常借助文字表述与舆论传播使消费者认同某种概念、观点和分析思路，从而达到企业品牌宣传、产品销售的目的。在互联网时代，软文之所以备受推崇，第一个原因是各种新媒体平台迅速发展，并抢占眼球，人们对电视、报纸的硬广告关注度下降，硬广告的实际效果不再明显；第二个原因是新媒体对软文的收费比硬广告要低得多，所以在资金不是很雄厚的情况下，软文的投入产出比较科学合理。因此，企业从各个角度出发都愿意以软文试水，以便使市场快速启动。

◆ **案例分享**

完美日记的营销策略

完美日记为国货彩妆品牌，有多款彩妆产品是热卖单品，还有很多美妆博主、知名人士为其带货。这个新兴的美妆品牌，过去在大众视野中还略显低调，如今却一跃成为引领国货美妆潮流的品牌。

完美日记于2017年正式成立，并在天猫开设网店。本以为完美日记会像一些小众国货，被淹没在众多海外美妆产品中，没想到完美日记凭借新媒体营销策略，稳坐彩妆品牌销量前十。完美日记迅速走红的背后，离不开内容营销模式的打造，完美日记的营销几乎包含了所有热门的营销渠道，其主要利用各大新媒体平台做全网内容营销，进行素人推广、KOL（关键意见领袖）推广和名人推广等。

（1）利用名人效应，扩大知名度。完美日记营销策略的关键之处在于，它在铺垫好所有的基础数据，获得用户一定信任之后，邀请了一些演艺名人向用户推荐其产品，打造爆款。这种方式让完美日记声名大噪，许多消费者纷纷"路转粉"，选择这个国货美妆品牌。

（2）入驻小红书。完美日记选择了小红书作为产品推广的主战场。自从完美日记入驻小红书以来，官方自产的笔记将近500篇，"吸粉"近200万。其中，大多数笔记来自普通用户的体验感受，消费者的良心"种草"推荐、生活场景的应用大大增加了用户对品牌的信任，使用户产生共鸣。

（3）充分利用短视频平台。眼光独特的完美日记果断地选择了抖音和哔哩哔哩（B站）作为其产品宣传的主要短视频平台。在营销方面，完美日记选择知名带货达人"种草"推荐。哔哩哔哩的美妆视频以推荐"白菜价"产品为主，很多大学生和刚刚毕业的实习生，都是奔着美妆达人推荐的平价产品而来的。完美日记完美地利用了自己的价格优势，在哔哩哔哩站稳了脚跟。

（4）利用微博营销。完美日记先后邀请了许多KOL在微博上带动相关话题，通过文字、视频等形式宣传产品的性价比、效果等，使得全网阅读量飙升。

扩展探索 >>>

1. 完美日记运用了哪些平台销售策略？
2. 请你为完美日记策划一次"软文"销售。

任务五　新媒体常用运营平台及工具软件介绍

无论是企业商户还是媒体个人，新媒体运营的所有行为都是基于各种新媒体运营平台进行的。随着信息时代的不断发展和新媒体行业的不断充实，现已出现了大量形式和内容各不相同的新媒体运营平台。只有能准确地认识各种平台，才能更快捷地找到精准用户，精准投放内容。本任务将介绍一些常见的新媒体运营平台，以内容范畴、用户群体等维度为例，提供对各种不同新媒体运营平台的认知分析方法。

一、微信

标语：微信，是一个生活方式。

微信是目前拥有用户数量最多、范围最广的社交平台。基于微信原有的社交属性和信息交互能力，微信订阅号、微信公众号、微信群、微信小程序、微信小商店等伴生平台不断出现。发展至今，微信已成为一个内容涵盖范围广、信息投递方式多样的新媒体集成平台。利用微信的高用户价值和较高的信息私密性，可针对用户做长期的深度运营。通过微信平台，企业能高效地完成品牌形象展示、产品推广销售、咨询服务提供等商业行为。

（1）内容范畴：涵盖面广，内容丰富，个人或商户可根据需求自行设定。

（2）用户群体：用户基数庞大，用户画像明确。

（3）推广方式：以用户搜索或结合线下扫码形成交互渠道为主，用户获得较为被动。

（4）交互效果：私密性高，用户稳定，内容传递效率快。

二、微博

标语：随时随地发现新鲜事。

微博是新浪公司基于新浪博客所开发出的社交平台。微博诞生时以140字微型博客的信息形式风靡全国，开创了精简至上的"信息碎片化"时代。微博拥有强大的用户活跃度和号召力，是品牌营销公关的绝佳载体。至今，微博粉丝数量仍然是衡量品牌或名人流量的一条重要标准。企业可以通过微博热搜话题、图文消息、活动链接、品牌联动、推广代言等信息打造更加年轻个性化的形象，与消费者交流互动，拉近与消费者之间的距离。

（1）内容范畴：最早以时事时评及个人分享为主，后逐渐以明星代言、热搜话题形式为主。

（2）用户群体：微博积累了庞大的用户基数，目标群体偏年轻化，积极为用户划分群体。

（3）推广方式：微博"大V"引流、明星超话引流、热搜话题引流、定制广告引流。

（4）交互效果：较为开放的公众平台，企业或名人能与普通用户直接交流。

三、小红书

标语：你的生活指南。

小红书是通过机器学习对海量信息和人进行精准、高效匹配的一款媒体社区App。小红书涵盖彩妆护肤、时尚穿搭、网红美食等内容。通过"精准定位"和"爆款笔记"功能，小红书已成功运营出一个高完整度、高度年轻化的生活方式平台。小红书以图片的视觉冲击和主题内容的高频出现为主来完成对品牌的宣传，孕育出新的"网红经济"形式。

（1）内容范畴：以彩妆、时尚穿搭、美食、旅游等内容为主。

（2）用户群体：极为年轻化的用户群体，女性用户相对居多。

（3）推广方式：用户搜索，地区定位推流，高阅读、高点赞、热门推流，网红推广帖。

（4）交互效果：根据用户画像精准推送内容，用户浏览频率高，用户稳定性好。

四、今日头条

标语：看见更大的世界。

今日头条是北京字节跳动科技有限公司开发的一款基于数据挖掘的推荐引擎产品。今日头条所支持的内容很丰富，包括长图文、短视频、短内容、问答等多种形式。今日头条旗下拥有今日头条App、西瓜视频、抖音、火山小视频、悟空问答等平台产品，可以将不同的信息内容以不同的媒体形式在相应的产品中发布，以准确捕捉不同地域、不同年龄段、不同关注点的用户群体。今日头条在用户规模、用户扶持、流量变现上都具备优势，不管是新手还是自媒体达人，都非常适合。

（1）内容范畴：今日头条 App 以时事时评为主，各短视频软件以短视频形式为主，同质化严重。

（2）用户群体：短视频是目前年轻人在碎片化时间内重要的信息获取途径，拥有极为庞大的用户群体。

（3）推广方式：企业通过短视频完成广告推广，借助热门短视频完成推广。

（4）交互效果：通过培养用户刷短视频的浏览习惯来锁定用户，形成稳定的用户人群。

五、其他新媒体运营平台

目前，除了上述使用频率较高的各种新媒体运营平台之外，还有很多 IT 或通信企业基于自家信息生态建立的新媒体运营平台。这些平台将目标用户范围缩小到自家原有的稳定用户，虽然在用户数量上不占优势，但在用户的稳定性、内容投放的准确度和信息的传递效率上有着大基数公众平台无法比拟的优势。例如，依托搜狐门户诞生的搜狐号、为百度搜索引擎提供信息延伸的百度百家号、阿里旗下的大鱼号、腾讯旗下的企鹅号和小米旗下的一点号等。

项目二 新媒体信息素养要求

本项目共有五个任务，可以让学习者理解和掌握与新媒体行业相关的信息技术知识，并掌握一些新媒体工具软件的使用方法。任务一帮助学习者了解新媒体行业信息技术核心素养要求。任务二帮助学习者掌握智能时代的新媒体技术前沿动态。任务三帮助学习者掌握新媒体作品的素材分类与收集途径。任务四帮助学习者掌握新媒体的大数据搜索、分析、可视化和营销技能。任务五帮助学习者了解新媒体行业的信息安全知识，并培养学习者的版权保护意识。

【知识目标】

了解新媒体行业应掌握的信息技术知识；了解新媒体从业人员收集与整理素材的方法；了解新媒体行业的信息安全知识，加强版权保护意识。

【能力目标】

提高新媒体从业人员信息技术技能，初步掌握大数据、人工智能在新媒体的应用方法。

【素质目标】

通过本项目的学习，提升新媒体从业人员的道德规范，以及对国家信息安全的保护意识。

【知识链接】

（1）信息技术素养：信息技能的能力和意识是一种综合的素养，它包括四个核心素养要素，即信息意识、计算思维、数字化学习和信息责任四要素。这些要素与新媒体行业工作紧密结合，是新媒体岗位的核心能力要求之一。信息素养是一种综合能力，涉及方方面面的知识和理念，是一种特殊的、涵盖面广泛的能力，包含人文、技术、经济、法律等诸多因素。信息技术进步成就了新媒体行业的飞速发展，同时进一步推动了信息技术的提升。例如，近年短视频平台的发展，既提高了移动网络的宽带要求，也推动了5G技术的成熟。

（2）信息意识：对信息的敏锐感知及对信息进行合理性判断的思维。

（3）计算思维：运用计算机领域的思维方法解决所遇到的问题。

（4）数字化学习：通过评估并选用数字化资源和工具，有效地管理活动过程和资源，综合及创造性地解决问题，完成任务。

（5）信息责任：理解人、信息技术和信息社会之间的关系，遵守其中的规则与要求，促进社会良好发展。

任务一 新媒体行业信息技术核心素养要求

下面结合新媒体行业的运营要求，思考培养新媒体从业人员信息素养的路径。

一、新媒体行业的信息意识

（一）信息素养思维贯穿整体工作过程

新媒体从业人员要有足够的信息素养，并将信息素养思维贯穿整个运作过程。信息素养不只是简单地使用软件和平台，而是一种运作、收获、反思、提升的核心思维，如图2-1所示。

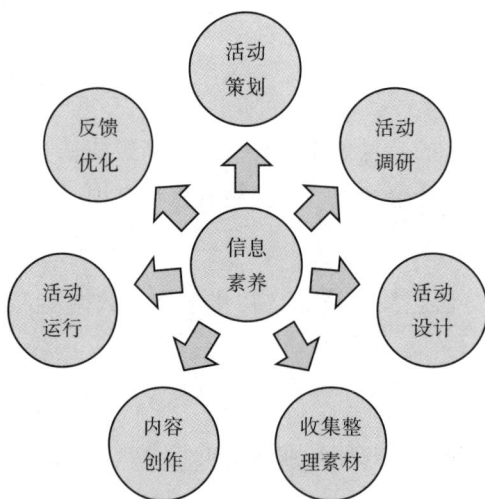

图2-1 信息素养思维贯穿新媒体运营方式思维导图

（二）信息的获得与处理的变化

新媒体行业要求新媒体从业人员应具备对信息内容的传播、分析、检索、提炼的能力。新媒体编辑不仅可以通过现场访问的形式获取资料，也可以通过网络获取资料。新媒体的资料收集、处理、汇总、提取、后期编辑、出版上线等过程采用信息化手段，这跟传统媒体的"手工打造"差别明显。新媒体行业要求岗位能力要包含"信息意识"的概念，即用信息思维去理解整个行业的生态和工作。

（三）注重信息化，实现个性化与互动性要求

新媒体发展有一个技术前提，即实现媒体与用户之间的高效率、高质量对接，将用户需求作为核心，将体验作为中心。这也是信息技术思维之一。新媒体具有很强的交互性，其传播方式是双向的。

【案例2-1】 信息的整合与提炼能力对于提炼新闻内容的意义。

新媒体编辑每天要对海量信息不断地进行处理和整合，他们既要关注社会发展形势，具备较强的观察力和敏感度，也要明白用户需求，提高信息黏度。信息处理和整合

的目的是提取有价值的信息，再通过编辑将这些信息转变为新闻，整个过程中的多个环节，要环环把关、步步做好，方能呈现准确、快速、有价值的新闻。

【案例2-2】 传统媒体跟风构建App，信息陈旧，缺乏用户黏性。

某地区日报是传统纸质媒体。为跟上行业发展，他们跟风构建了一个新闻网站，并通过技术外包构建了一个客户端。但他们只是将网站和App作为传统信息输出和展示的普通媒介，忽视了Web 2.0时代是信息技术时代的发展特征，尤其Web 2.0的"个性化推荐"及"去中心信息传播"特色。因此，传统媒体要发展，不可忽视双向沟通互动环节，应让媒体的受众"升级"为用户，挖掘用户的个人价值，增加个性化内容、精准化推送，实现双向互动。

二、计算思维对新媒体运营的重要性

新媒体计算思维不只是对原始数据的处理和汇总，还是在运营和活动的过程中，用信息化思维解决新媒体活动的一种思路。在新媒体活动中，新媒体从业人员要具有理解和利用信息技术的能力，能有效地运用各种工具搜集、查找、提取、记录和存储信息，并应用信息技术对信息进行选择、分析、评价和决策。

例如，在新媒体编辑工作过程中，他们利用多种网络传播平台对海量信息内容进行自动采集、分类、加工整理，减轻了新闻编辑的原有工作压力。新媒体从业人员在信息内容的编辑、发布过程中，借助专业的编辑、校对软件，使用信息工具，以确保信息制作的规范化和页面设计的精美。用工具对文字、图片、视频或音频进行编辑处理时，不仅能自动进行初步校对和检查，也能确保向广大受众传播准确和规范的信息内容。

云计算是将硬件、软件、服务等资源通过互联网提供给用户以完成信息计算、处理、存储、共享等任务的服务方式。它具有超大规模、虚拟化、动态、易扩展等特点。云计算作为一种商业计算模型，已经被普遍应用在各行各业中。在新媒体运营的活动中，可以将一些存储、管理等功能存在"云"应用中，有助于资源整合和重复使用。该技术能够将媒体运营的内容完全实现数字化管理，且对各信息传播终端素材构成一个资源池，最终形成"云媒体"。

新媒体的运营需要团队协作，各类移动办公平台能够帮助编辑在各种环境下实现信息的分享和联动，提高团队共同编辑信息的能力，从而提升整体工作效率。

【案例2-3】新媒体信息与大数据的并存，导致信息超载与"信息茧房"并存现象。

各网络信息主体为了自身的经济利益，利用算法推送技术，实现用户与内容的精准对接，为用户推送个性化的信息，导致一些用户存在受困"信息茧房"与用户个人信息泄露等问题。例如，用户的网络浏览内容、注册信息等数据会被许多互联网运营商挖掘，进而持续推送相似或系列内容，使得用户深陷"信息茧房"困境而难以突破。又如，MOOC（慕课）被誉为一场具有超越国界、种族、性别、阶级和收入潜力的教育革命。但是，一项对200多个国家和地区的MOOC活跃用户的调查显示：80%的MOOC用户来自受教育程度最高的6%的人群，低学历群体使用率非常低。MOOC非但没有实现其倡导的初衷，反而似乎在强化"富人"优势，而不是给予"穷人"教育福利。信息本来是重要的生存与发展资源，信息素养较低的群体却很难找到"信息富矿"，难以从信息海洋中选择有价值的信息，容易被垃圾信息、低俗信息淹没。

【案例2-4】新媒体信息资讯的同质化情况严重。

在新媒体新闻信息采集方面，一般会设置两种新闻搜集、检索方式，其中一种为从网络中寻找现成的新闻内容进行重新编辑。这种方式可以大大节约新闻选题策划、信息搜集的时间，完成短时间内新媒体信息的上传发布。但以此种方式编辑的新闻同质化较为严重。

三、数字化运营与信息的再创造

在新媒体编辑模式快速发展的形势下，传统编辑模式纷纷朝新媒体编辑模式方向转型。在新媒体信息传播范围、传输效率不断提高的情况下，多数信息采集人员通常采取从网络中寻找现成信息的方式，然后进行信息采集和二次加工编辑。信息重复采集与编辑的模式，不仅会打击信息采访工作者的积极性，也会使网络中出现大量同质化内容，从而导致普通民众对信息内容出现审美疲劳，还会带来信息可靠性较低的问题。

创新是新媒体生存和发展的重要动力，新媒体从业人员在海量信息的搜集、筛选与编辑工作中，应结合社会民众的实际需求，对新媒体信息内容、传播形式进行改革创新。这种创新需要不断提升编辑人员的专业技能和素养，挖掘海量数据背后的新观点、新亮点。另外，可以借用信息化手段提高信息的易读性，做到资讯的普及化。例如，国家林业和草原局发布的数据显示，截至2023年，我国森林面积有34.65亿亩，森林覆盖率达24.02%，该数据反映出我国大地更绿了，这是好消息。但是普通民众对这些数据理解得并不深刻，这时可以使用可视化图表让他们一目了然，如图2-2所示。复杂的科学原理也可以用动画、短视频等形式生动地表现出来，以方便普通民众理解与掌握。

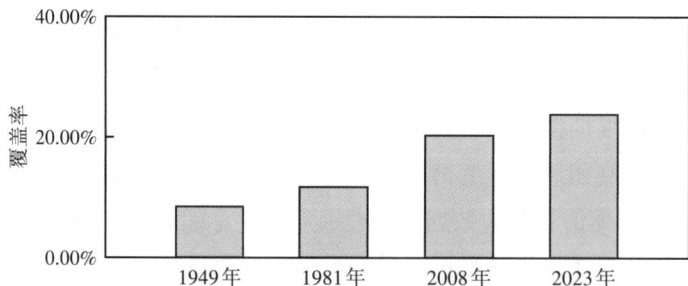

图2-2 中国森林覆盖率增长图

四、不可忽视的"信息伦理"

麦克卢汉曾说，"媒体是人的延伸"，每种新媒介的产生都改变了人们认识世界的方式。由于新媒体环境下媒介内容呈现出商业化、感性化的趋势，所以网络信息也逐渐朝刺激受众感官等方向发展，不良信息的传播范围急剧扩大。某些新媒体从业人员的文化素养较低，为追求点击量，违背基本的职业素养，刻意编造、夸大一些虚假新闻、负面舆情报道，严重影响受众的价值观念，导致社会中出现虚假信息泛滥、舆论导向偏差等问题。新媒体传播的信息中，充斥着功利主义、拜金主义等不良信息，而新媒体从业人员要在大量信息中辨别、筛选，以规避不良信息。新媒体从业人员要有一双明亮的眼睛，这样才能在大量信息中挑选出正确的信息，传递正确的价值观，正确引导社会舆论。

扩展探索 >>>

1. 什么是"信息茧房"？你的生活中有哪些"信息茧房"？在新媒体运营中，如何帮助受众突破"信息茧房"？

2. 哪些手机App可以进行图像编辑或视频编辑？请列举三种。

3. 网上的信息重复率较高，假如你是一名新媒体编辑，你认为有哪些方法可以减少这种情况的发生？

任务二 智能时代的新媒体技术前沿动态

21世纪，信息技术迅猛发展，出现了以微信、微博、X、抖音、小红书等为代表的新兴的新媒体形式，各种App不断推陈出新，形成了独特的新媒体信息环境。新媒体信息的生产、获知、传播具有开放性、个性化、交互性、即时性等特点。就新媒体编辑来说，应更充分掌握相对应的专业技能和业务素养，着重掌握新媒体的发展特点、运行规律，具备技术手段，这样才能在更大程度上增长自己的专业技能，提升自己的新媒体运营水平。

随着信息技术的进步，越来越多的新思维和工具慢慢出现在人们眼前。下面主要介绍五种新媒体技术。

一、虚拟演播室技术

虚拟演播室技术是一种新型的电视节目制作技术，具有实时跟踪和画面合成等技术功能，本质是利用数字化技术实时合成计算机制作的虚拟三维场景与摄像机拍摄的人物活动影像，使人物与虚拟背景能够同步变化，实现两者的融合，获得精美的合成画面。

二、虚拟主持人

虚拟主持人即利用录入设备输入主持人生理信息或纯数字化制作的数字人。虚拟主持人可以用AI技术进行节目主持，只要输入纯文字内容就可以让虚拟主持人自动做出相应的动作和发出语音，就像真人在主持节目。

三、利用大数据进行用户画像

采用大数据技术，全面收集和存储用户的使用行为习惯记录，然后进行分析处理，进而提炼出高价值的信息。当新媒体受众长时间使用新媒体App浏览内容时，可以利用反馈到的数据库信息，更好地完成用户画像。在用户量不断增加的基础上，可以利用AI技术对相似点进行描绘，在为不同受众分群时，可开展群体分发，最后进行智能推荐和个性化服务。

四、AI技术提升传播效率

在新媒体传播渠道中应用AI技术后，有关人员可按照用户使用的数据，把那些要大力推广的内容放在用户最关心的位置。

AI可以对文章内容进行更好的判断与鉴别，保证内容与要求相符。在信息准备与审查阶段，AI也可以发挥巨大作用，如排版、发现歧义词等。

五、自主创作AI机器人

随着ChatGPT的问世，许多基于文本数据训练、能理解和生成自然语言的AI创作技术大量出现。这意味着人工智能可以回答问题、撰写文章，甚至创作诗歌。目前，AI能够完成图像、音乐、视频的自主创作，甚至能自动创作报道。

AI擅长写各类型文章，包括议论文、记叙文、新媒体文等。新闻机器人作为AI在新闻领域的最新应用，它利用计算机程序对输入的数据进行分析，从而撰写出文章。AI擅长创作的场景风格有条理清晰、观点鲜明、文字轻松简洁、可读性强等特点。

AI写作虽然有很多优势，但是无法完全替代人类写作。相比之下，人类写作在创作上具备的人性特质和生命经验是机器所难以比拟的。

【案例2-5】 AI创作的短视频脚本。

短视频标题：信息工程系的热血竞技时刻（节选）

§开场场景§ 镜头描述：慢动作镜头，操场上彩旗飘扬，人群欢呼，运动员热身准备。配音文字：（激昂的音乐起）在这片充满激情的赛场上，信息工程系的学子即将展开一场精彩绝伦的体育竞技！

§镜头一§ 场景描述：100米赛跑比赛即将开始。镜头描述：快速推进镜头，运动员在起跑线上蓄势待发。配音文字：百米飞人即将展翅，预备——

…………

§结束§ 镜头描述：快速剪辑，回顾竞赛的精彩瞬间，随着系歌渐渐淡出，最后画面定格在系旗上。配音文字：（系歌响起）我们是信息工程的骄傲，我们的热血永不熄灭。再见了，朋友们，期待下一次相遇。

【案例2-6】 会绘画的AI。

绘画AI的工作原理是通过分析大量的图像数据，学习与理解颜色、形状、纹理等视觉元素，并将它们组合在一起形成一幅画。目前，AI绘图工具数量繁多，有Midjourney、Dalle-3、Stable Diffusion、文心一格等。它们均可以模拟人类艺术家的创作思路和创作过程，生成独特且具有表现力的艺术作品。AI创作虚拟的大自然插图和具有传统风格的风景画插图如图2-3和图2-4所示。

图2-3　AI创作虚拟的大自然插图

图2-4　AI创作具有传统风格的风景画插图

【案例2-7】　作曲AI。

　　近几年，AI作曲发展神速。由中国中央音乐学院开发的AI自动作曲系统，是通过人工智能算法进行作曲、编曲、歌唱、混音，并最终生成完整歌曲作品的系统。2019

年，深圳交响乐团在国家大剧院演奏了全球首部AI交响变奏曲《我和我的祖国》，知名乐评人王纪宴评价这部作品："乐曲开始的引子清新而自然，并无违背听觉习惯的声音，变奏所体现的交响手法，有着令人耳目一新的新奇转调和配器。"

歌曲创作对于没有足够基础的人来说是一件可望而不可即的事情。制作一首歌曲，通常需要词、曲、编、唱、制作等技能，生产周期较长。而网易推出了网易天音小程序，它是首个词曲编唱AI音乐创作平台，能够让不懂乐理的音乐小白10秒写出一首歌。

扩展探索 >>>

1. 请你首先应用机器人写作平台写一篇报道，然后利用数字人主播平台（如腾讯智影）制作一段新闻视频，最后分析机器人写作与数字人制作视频的优势与不足。

2. 小组合作，提供思路，应用国内外的AI平台或接口进行绘画创作。

3. 小组合作，应用网易天音或其他AI创作平台的AI作曲功能，为某一段视频、某一段文字进行配乐。

任务三　新媒体作品的素材分类与收集途径

一、新媒体创作素材的常见分类

新媒体内容的主要表现形式有图文媒体、音频媒体、视频媒体三种。其作品的素材分为文本、图形图像、声音、动画、视频等多类。所有素材的选择与加工都要围绕主题，为主题服务。同时，不同类型的素材之间要互相配合、相得益彰，使主题更加鲜明、立体。

（一）文本

新媒体的文本素材分为作品文案及产品解说文本两大类。在互联网信息时代，新媒体从业人员一般通过优质方案吸引粉丝、提高流量，从而增加产品曝光度及销量。新媒体的文本素材是围绕主题并基于素材和原始材料的再创作或提升，应当立足于原创，挖掘新观点，而不是简单地复制。新媒体的文本素材既要通俗易懂、简明扼要，又要关注细节。

优质的新媒体文本素材可以通过以下三种途径获得。

1. 搜索引擎

在确定选题后，可直接利用搜索引擎进行文本素材查找，但这种获取素材的方式需要正确的关键词。文字素材还可以利用百度风云榜、微博和抖音等平台进行搜索。

2. 问答平台

在问答平台上，相同选题的文字素材资源非常丰富，并且专业性很强。比如，知乎上有多行业多领域的高精尖人才，此时只需要明确查找的素材内容，就可以直接去知乎搜索问题，相应的回答里会有很多素材，如图2-5所示。

图 2-5　知乎平台

3.行业网站

每个行业都有自己的专业网站，可以根据选题多浏览与其相关的网站。例如，选题为母婴，可浏览宝宝树；选题为家居，可浏览新浪家居；等等。

（二）图形图像

新媒体作品可通过添加图形图像素材来辅助说明主题。图形图像素材有数字化的矢量图和位图两大类，通常利用CorelDRAW或Photoshop等图像处理软件进行处理。图像素材有多种不同的文件格式，如BMP，GIF，JPG，PNG等。在新媒体作品中经常使用GIF，JPG，PNG三种格式的文件素材，而BMP格式文件比较大，通常只在图像编辑和处理的中间过程中使用，以保存最真实的图像效果，编辑完成后再转换成其他图像格式，最后应用到新媒体作品中。

图形图像素材的来源非常丰富，如拍摄、手绘和网络搜索等。新媒体从业人员经常使用的免费素材网站有大作网、StickPNG等，各素材网站有不同的特点，新媒体从业人员可根据需求下载素材使用。

（三）声音

在新媒体作品中，声音通常以语音、音效和音乐三种形式存在。语音是指人们讲话的声音，可通过真人录音或人工智能中虚拟数字人说话获得；音效是指声音特殊效果，如雨声、铃声、动物叫声等，这些自然界的声音往往可以通过录音从自然界中获得，也可以采用特殊方法进行人工模拟制作；音乐是最常见的声音形式，通常可通过网络搜索的方式获得。

声音素材通常需经过后期处理才能为新媒体作品所使用。美国 Adobe Systems 公司开发的 Adobe Audition 软件（如图 2-6 所示）具有声音录制、混音合成、编辑特效等功能，是新媒体从业人员经常使用的声音处理软件。

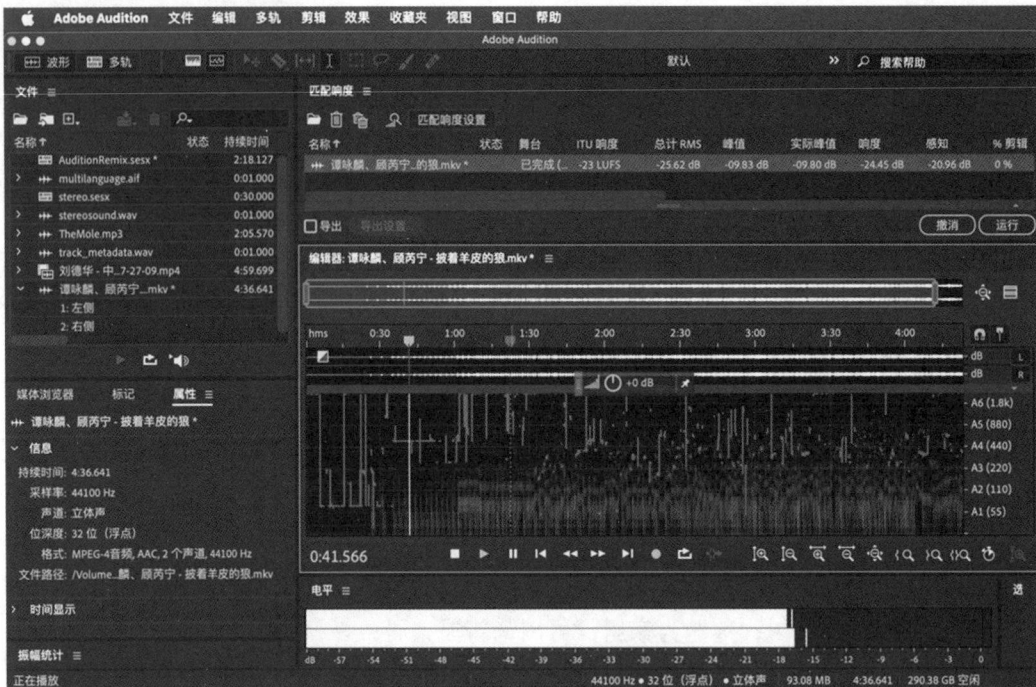

图2-6　Adobe Audition 编辑界面

（四）动画

新媒体作品可利用动画模拟事物的变化过程来说明主题。传播介质的多元化和立体化，使新媒体动画素材在题材、视觉风格、表现内容与手法等方面表现出多元化的特点。例如，动画电影《江南》在题材的选择上融合更多的时下热点和焦点，且多采用幽默和喜剧的表现风格体现主题。又如，动画《泡芙小姐》是一部以现代都市白领生活为题材进行创作的新媒体动画，它以实景和动画结合的画面风格，融合像素动画、游戏动画、三维特效等多种动画形式，共同完成动画主题的表达，形成了画面形式多样的表现风格。

可以用 Flash 软件制作二维动画，用 Blender 和 Maya 等软件制作三维动画。目前，使用比较广泛的 GIF 动画及 H5 动画，都可以利用在线工具完成制作。

（五）视频

视频文件是由一组连续播放的数字图像和一段随连续图像同时播放的数字伴音共同组成的多媒体文件。视频文件常见格式有 MP4，AVI 等。常用的视频编辑工具有爱剪辑、剪映、快剪辑等软件。新媒体视频素材通常归类为短视频，而通常短视频制作流程如图2-7所示。

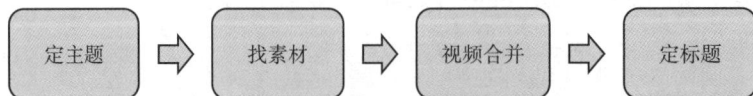

图2-7　短视频制作流程图

寻找短视频素材的渠道有很多，如抖音、今日头条、西瓜视频、美拍、秒拍、内涵段子、火山等App，或者大鱼、企鹅等自媒体平台，抑或搜狐、优酷、爱奇艺等在线视频平台，这些都是寻找短视频素材的常见平台。

二、素材库的建立

工欲善其事，必先利其器。新媒体从业人员要想高效率完成一部高质量的新媒体作品，最好建立自己的素材库，如阿里巴巴集团出品的图标素材库Iconfont，以及视频素材库Mazwai、设计灵感素材库Dribbble、配乐素材库Marmoset等。在素材库中，不同类型的素材分类存放，使素材库清晰明了。行业内曾有种说法，新媒体营销素材库是同行竞争中能脱颖而出的关键点。可以这么说，谁的素材库足够强大，成交客户就更容易。新媒体素材库可分为三大类，即图片、文字、视频（如图2-8所示）。对于这三类素材，新媒体从业人员要习惯性地在自己的电脑或手机中进行归类。

图2-8　新媒体素材库的种类

（1）图片可以直接在手机相册里进行分类和分级管理，如根据接待反馈、订单反馈、好评反馈、效果反馈、故事案例等分类进行存放，或者通过微商相册进行管理，一键分发，实现团队直接转发效果。

（2）文字可以使用印象笔记、阿里文档、石墨文档等在线管理文档进行归类，将写好的文案直接保存即可。例如，使用石墨文档，联网办公，使电脑版与手机版内容同步，操作起来比较方便。

（3）视频可以直接通过新浪、知乎、腾讯、百度网盘、蓝盾网盘、阿里网盘等平台进行存储或发布。

建立素材库的方法多种多样，新媒体从业人员可以根据个人习惯对素材进行分类收集，并定期整理，最终形成素材库，从而大大提高作品的制作效率。

任务四　新媒体的大数据搜索、分析、可视化和营销

一、数据分析的意义

数字时代，人们的生活方式和思考方式都发生了巨大的变化，消费方式也从最初的"基本需求"转变为"个性化消费需求"。新媒体从业人员当下需要思考的问题是如何让

自己的作品受到用户欢迎，增加忠实粉丝与收益。以相关数据作为依据，在数据分析的基础上制定合理的营销策略，能够改善新媒体作品市场占有量。

数据分析是指用适当的统计分析方法对收集来的大量数据进行汇总、理解并消化，以求最大化地开发数据的功能，发挥数据的作用。新媒体数据分析必须以营销目的为中心。不同的营销目的需要分析的数据类别也有所不同。通常，新媒体营销有两大目的：一是提升产品销量，二是宣传品牌。根据营销目的类别的不同，数据收集过程也将有所调整。数据分析的意义具体如下。

（一）了解运营质量，诊断问题

网站流量、粉丝数量、阅读数量、转发数量和评论数量等数据可以直观地反映新媒体的营销效果，如图2-9所示。

图2-9　某网站流量数据图

（二）调整运营方向，规避风险

新媒体时代是大数据时代，大部分新媒体营销平台（如百度指数、新浪微指数、微信指数和头条指数）提供了数据分析工具，通过对用户的浏览类别、年龄、性别等数据进行分析与研究，帮助新媒体营销与运营获得更加精确的用户需求，分析用户大数据，判断新媒体内容、活动、推广是否需要与网络热点结合，有助于预测并调整运营方向。如图2-10为新浪微指数对实时热词"军事"的分析，并预测军事热点会迅速下降。

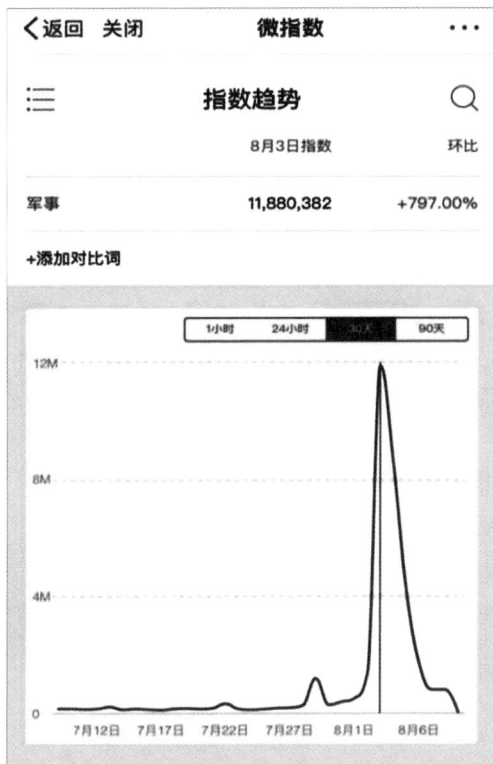

图2-10 新浪微指数对实时热词"军事"的分析

（三）控制成本，提高效率

新媒体的营销离不开运营成本，尤其是广告成本。在大数据时代，若企业的新媒体广告投放没有精准的方向，则无法达到预期的效果。因此，新媒体从业人员需要分析用户的分布情况、购买或阅读时间、常用App、惯用机型等数据，每次广告投放前综合近期的投放情况进行调整与优化，以控制成本。

（四）评估营销方案，改进营销

营销方案是整个项目的工作规划，在实施的过程中，要根据相关数据分析评估具体项目执行过程中遇到的问题，以实时调整方案。

二、数据分析的常用工具

（一）基础类

数据分析的基础类工具通常有Excel和SPSS。其中，Excel作为微软办公软件的重要组成部分，可进行各种数据处理、统计分析和辅助决策等操作，同时能实现图数并茂的数据分析可视化表达。

（二）专项类

数据分析的专项类工具有：网站分析工具，如百度统计（如图2-11所示）、CNZZ、Google Analytics（如图2-12所示）等；商务智能分析工具，如Tableau，Gephi，Qlik等；编程分析工具，如R语言、Python语言等。

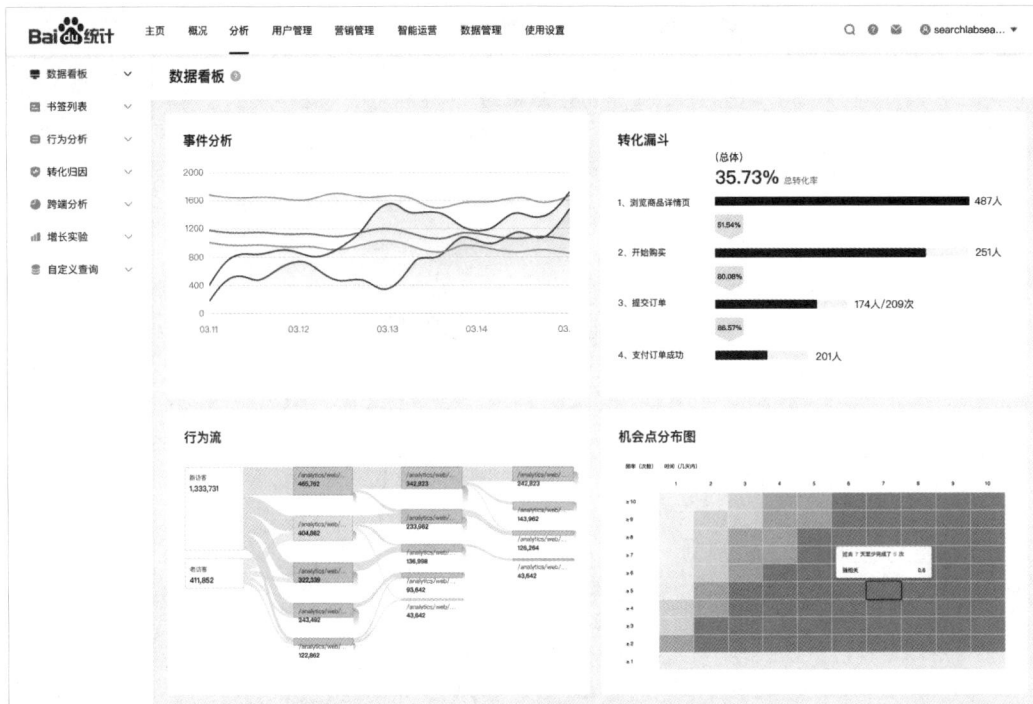

图 2-11　百度统计数据分析图

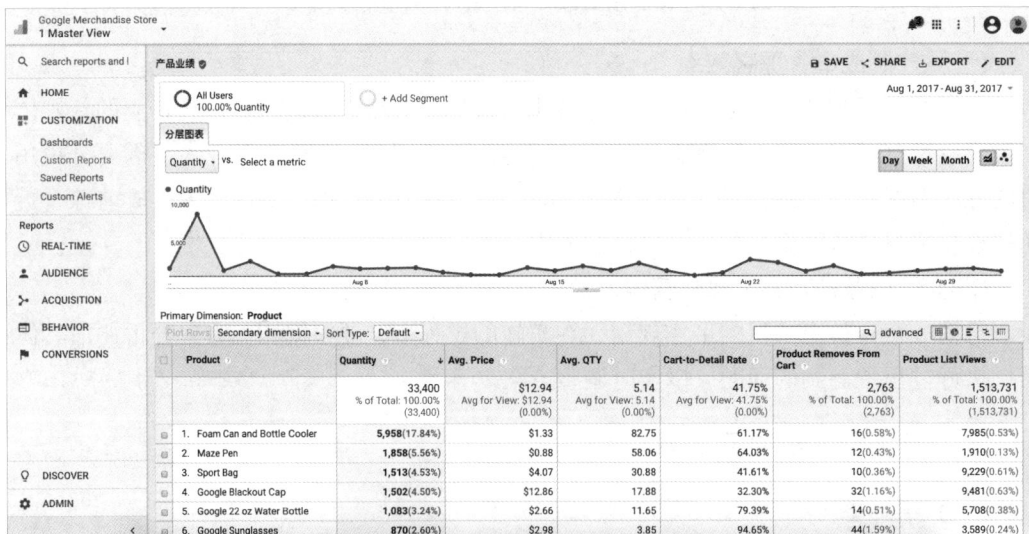

图 2-12　Google Analytics 数据分析图

（三）平台类

平台类工具是目前新媒体从业人员最常用的数据分析工具。平台类工具包括平台自带工具，如阿里巴巴和京东两大电商平台配套的数据分析工具，即生意参谋和京东商智。今日头条、微信、微博等平台也都具备完整的统计功能。另外，平台类的数据分析工具还包括第三方分析平台工具，如新榜数据、清博大数据、西瓜数据等。图 2-13 所示为清博的数据分析结果。

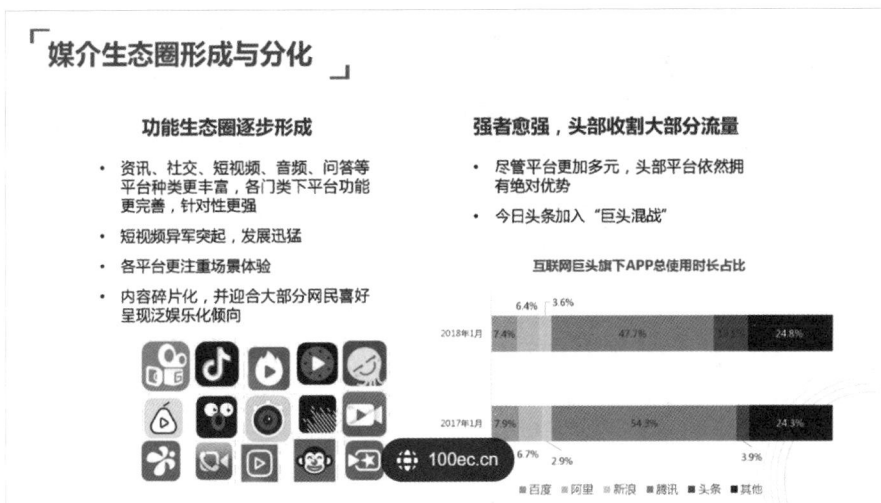

图2-13 清博的数据分析结果图

(四) 系统类

比较具有代表性的系统类数据分析工具是SAS（如图2-14所示）。SAS是一个模块化、集成化的大型应用软件。它功能较多，包括数据访问、数据储存与管理、数据分析、图形处理、计量经济学与预测等，广泛应用于金融、医学分析、计量经济统计等领域。

图2-14 SAS数据分析工具

(五) 用户画像分析

画像分析是指基于沉淀用户的自然属性、行为属性、偏好属性等挖掘用户兴趣点、分析群体特征的过程。如图2-15所示，用户画像对用户各类特征进行标识，并贴上标签，从而归类为不同群体，以便对不同群体分别进行产品或运营运作。构建用户画像的核心工作是给用户贴"标签"，但要特别注意尊重用户隐私，否则会涉嫌违法违规操作。可以使用Python读取数据，运用Numpy、Pandas和Matplotlib进行数据预处理、分析和可视化展示。

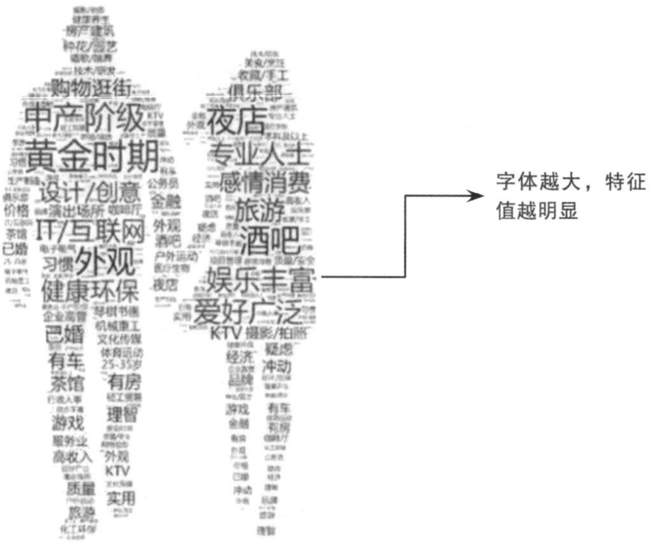

字体越大,特征值越明显

图2-15　用户画像对用户各类特征进行标识

三、数据分析实例操作

Excel是数据分析中最基础的一种分析工具,利用Excel进行数据分析的流程一般分五步:明确目的→理解数据→数据清洗→数据分析→数据可视化。下面利用Excel对淘宝天猫大学生体育用品销量数据进行分析。

(一)明确目的

根据淘宝天猫大学生体育用品购买情况,对商品进行多维度分析,分析市场需求,以提高商品销量。并且从数据分析中可以及时发现问题,为后续优化方案提供数据参考,以提高店铺营业额。

(二)理解数据

从阿里云天池中下载相应数据,明确表中数据分别代表什么,同时可将表中数据标题改为容易理解的内容,如图2-16所示。

	A	B	C	D	E	F	G
1	user_id	auction_id	cat_id	cat1	property	buy_mount	day
2	用户ID	订单	商品一级类别	商品二级类别	商品属性	购买数量	购买日期
	7.05+09	41099210944	50014966	50022520 21459 867550		2	20200919

(a)

	A	B	C
1	user_id	birthday	gender
2	用户ID	出生日期	性别

(b)

图2-16　数据表列标题图

(三)数据清洗

数据清洗主要是对数据进行重新审查和校验的过程,目的在于删除重复信息、纠正错误信息,提高数据一致性。上述数据经过数据清洗得出以下结果:

删除重复值：未发现重复值

缺失值处理：未发现缺失值

一致化处理：将两份表格中的日期都改为日期格式（运用数据菜单中的"分列"功能）

性别处理：0—女，1—男（可直接使用替换功能或IF函数）

异常值处理：删除28岁用户的数据

年龄为"#NUM!"的数据按"无效"处理（可用函数Year计算年龄）

性别为2的用户直接改为男或女

（四）数据分析

数据清洗后，共29971条数据，为方便后期分析，利用year，month，vlookup函数计算出年份、月份、年龄等具体数据，并将图2-16中两表格的数据合并，如图2-17所示。

用户ID	订单	商品一级	商品二级	商品属性	购买数量	购买日期	年份	月份	年龄	性别	年份
7.86E+08	4.11E+10	50014866	50022520	21458:867	2	2020/9/19	2020	9	20	女	2020
5.32E+08	1.79E+10	50011993	28	21458:113	1	2019/10/11	2019	10	19	女	2019
2.49E+08	2.19E+10	50012461	50014815	21458:309	1	2019/10/11	2019	10	19	女	2019
9.17E+08	1.25E+10	50018831	50014815	21458:158	2	2020/10/23	2020	10	20	女	2020
4.44E+08	2.05E+10	50013636	50008168	21458:309	1	2020/11/3	2020	11	20	男	2020
1.52E+08	4.18E+10	1.21E+08	50008168	21458:340	1	2020/11/3	2020	11	20	男	2020
5.13E+08	1.99E+10	50010557	50008168	25935:219	1	2021/1/21	2021	1	21	女	2021
2.97E+08	1.35E+10	50010542	50008168	21458:600	1	2021/1/21	2021	1	21	女	2021
82830661	1.99E+10	50013874	28	21458:115	1	2021/11/1	2021	11	21	男	2021
4.75E+08	1.04E+10	203527	28	22724:401	1	2021/11/1	2021	11	21	男	2021
7.34E+08	1.53E+10	50018202	38	21458:327	2	2021/11/1	2021	11	21	男	2021
68547330	2.12E+10	50012365	1.23E+08	1628665:3	1	2021/12/13	2021	12	21	女	2021
6.97E+08	1.59E+10	50013636	50008168	21458:197	1	2021/12/13	2021	12	21	女	2021
3.78E+08	1.58E+10	50015841	28	1628665:3	1	2021/12/13	2021	12	21	男	2021
88313935	2.25E+10	50013711	50008168	1628665:3	1	2019/10/5	2019	10	19	女	2019

图2-17 将两表格数据合并的数据分析图

（五）数据可视化

利用Excel中的数据透视表功能，针对不同的问题，建立不同的数据透视表。

（1）不同年份、月份商品销量情况见图2-18和图2-19。

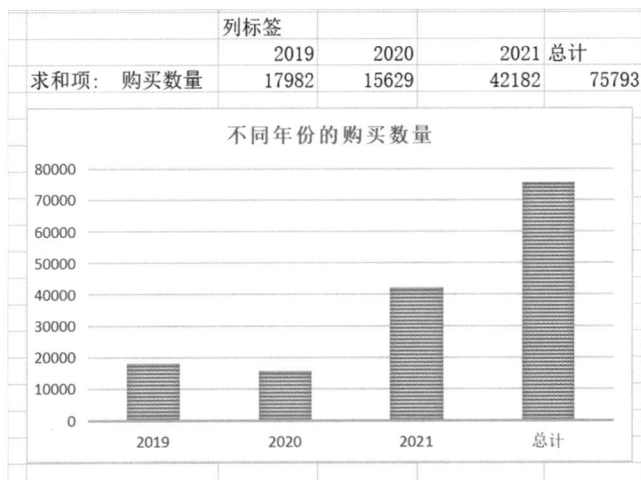

		列标签			
		2019	2020	2021	总计
求和项：	购买数量	17982	15629	42182	75793

图2-18 不同年份商品销量情况图

行标签	求和项：购买数量
1	4440
2	4679
3	3491
4	3746
5	5547
6	3040
7	5800
8	5329
9	8568
10	6016
11	15165
12	2166
#NUM!	8263
总计	76250

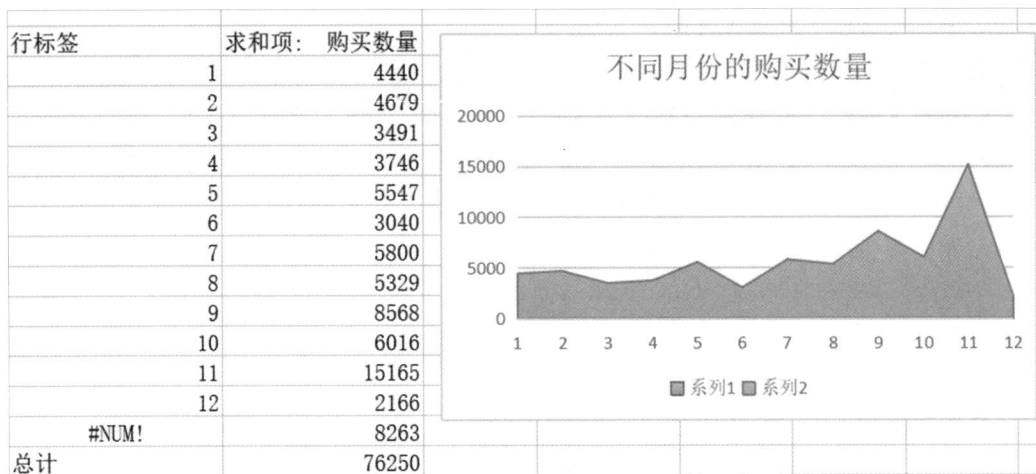

图2-19　不同月份商品销量情况图

（2）不同类别商品销售情况见图2-20和图2-21。

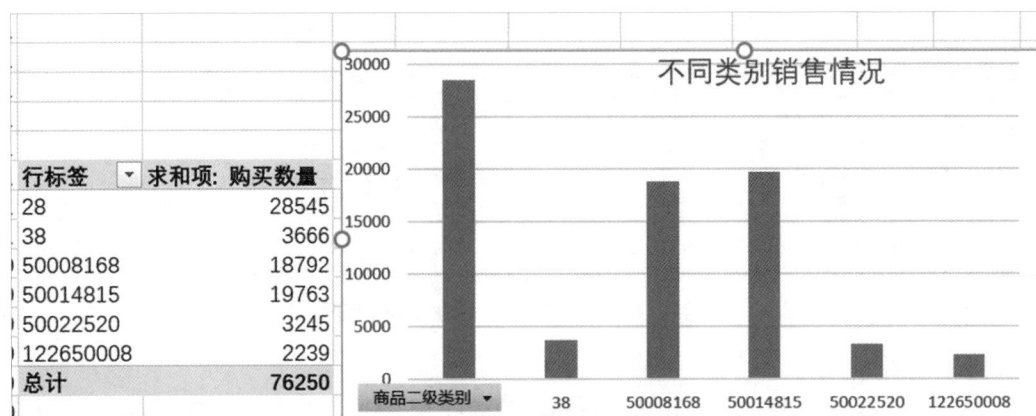

行标签	求和项：购买数量
28	28545
38	3666
50008168	18792
50014815	19763
50022520	3245
122650008	2239
总计	76250

图2-20　不同类别商品销售情况图

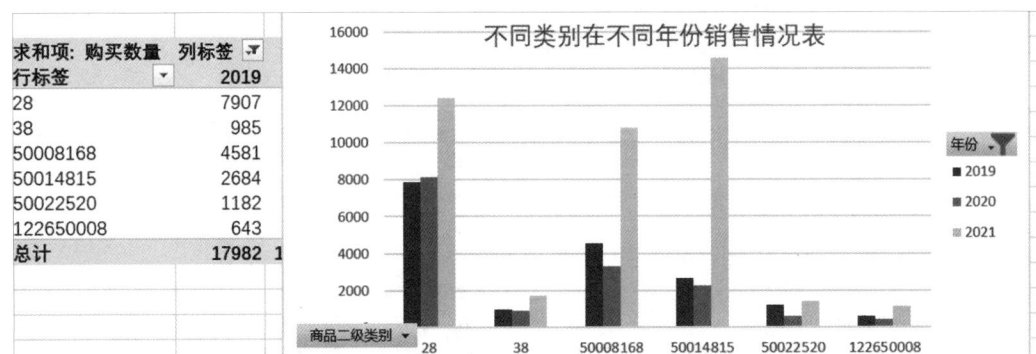

求和项：购买数量	列标签
行标签	2019
28	7907
38	985
50008168	4581
50014815	2684
50022520	1182
122650008	643
总计	17982

图2-21　不同类别商品在不同年份销售情况图

（3）针对不同性别和年龄的大学生，不同类别商品销售情况见图2-22和图2-23。

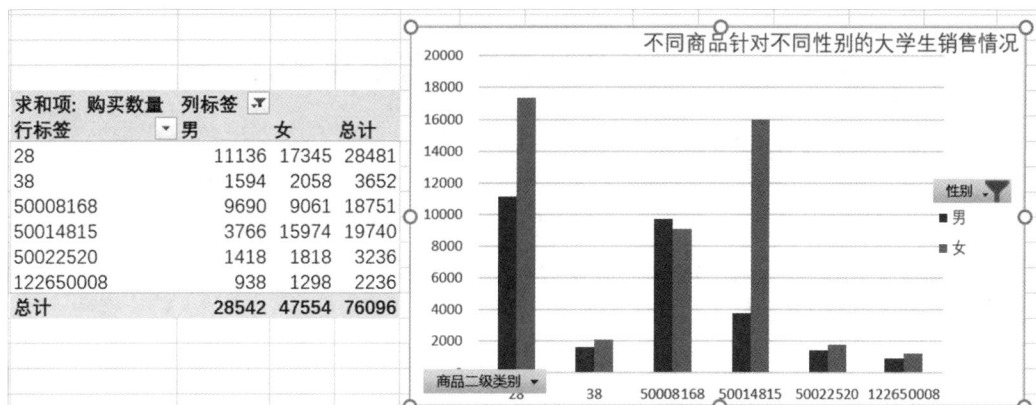

图 2-22　不同商品针对不同性别的大学生销售情况图

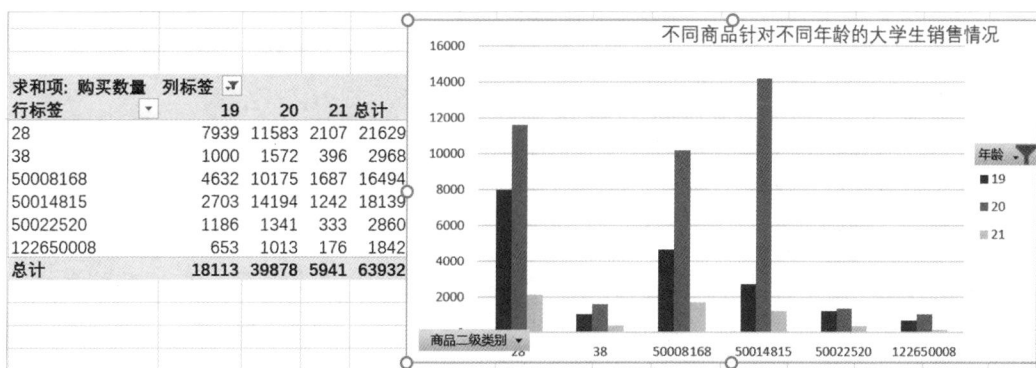

图 2-23　不同商品针对不同年龄的大学生销售情况图

由图 2-18 至图 2-23 可以得到以下结论。

第一，从年度、月份商品汇总表中可以看出，从 2019 年至 2021 年，总销量呈上升趋势，同时在每年下半年销量较高，其中每年的 11 月销量最高。这说明，近年来消费者对运动器材需求量大增，同时在下半年采购量较大，不难推断，11 月的"双十一"活动极大地促进了产品销量。

第二，从不同类别商品销售情况汇总图表中可以看出，这六个类别的商品在 2019 年至 2021 年均呈上升趋势，不同商品类别总体销量由高到低分别是："28""50014815""50008168""38""50022520""122650008"。前三项销量远高于后三项，其中商品品类"50014815"在 2021 年销量上升幅度最大。

第三，从不同商品类别针对不同年龄销售情况汇总图表中可以看出，20 岁大学生的购买力是最大的；从不同商品类别针对不同性别的销售情况图表中可以看出，女生购买力远远大于男生。

任务五　新媒体的信息安全与版权意识培养

一、新媒体中的信息安全问题

在人工智能时代，虽然网络信息资源的获取和交换变得越发便捷，新兴媒介的普及使得信息海量化、交互化及快速扩散化等特征日益凸显，但是产生了许多信息安全隐患。常见的信息安全问题有以下三个方面。

(一)虚假、不健康信息的传播

网络环境的虚假性和交互性造成了网络信息良莠不齐，而互联网的飞速发展使信息呈爆炸式增长，捏造事实、制造话题、传播不健康信息等"吸粉"行为也时有发生。

2021年4月19日，上海国际车展特斯拉车主"车顶维权"事件引发热议。21日，网传参加车展的车商东风标致请了一名芭蕾舞演员，在东风标致车顶跳芭蕾舞，借特斯拉车主维权事件营销。该视频在互联网转发1.4万次。

但是经东风标致工作人员回应，该视频系2020年11月广州国际车展的旧视频，车顶芭蕾一直是南区传统车展项目。被网友关联到特斯拉事件属网友谣传。

(二)个人信息泄露风险加剧

新媒体时代，大数据把用户信息和需求作为重要的资源和财富，但这些信息在存储、处理和传输过程中存在一定的安全隐患，容易被不法分子钻空获利。同时，在收集和分析关键信息的过程中，由于没有过硬的技术保护信息，同样会造成个人信息、隐私泄露的风险加剧。

2021年1月8日，杭州互联网法院依法公开审理并宣判了全国首例适用民法典的个人信息保护案。该案中的被告孙某未经他人许可，在互联网上公然非法买卖、提供个人信息4万余条，导致相关人员信息长期面临受侵害的风险。在一审宣判中，孙某被判处赔偿违法所得34000元，并公开道歉。

(三)版权保护意识不强，侵权行为泛滥

新媒体时代，部分用户缺乏版权保护意识，在创作新媒体作品时，随意使用网络中的游戏、音乐、图画及影视作品等素材，造成侵权问题越来越严重。

二、新媒体信息安全隐患的解决办法

(一)健全法律法规

目前，我国对于新媒体的各种新应用已制定了相应的政策法规，并在继续调整、修改和发布中。作为新媒体从业人员，需要对相关的政策法规有一定的了解，树立正确的法律意识，避免触碰管理和法规红线，积极传播健康的思想观点，保障媒体正常运行。

(二)加大信息监管力度

在新媒体服务中，信息必须经过严格审核才能发布，可以通过数据分析技术加强对

发布信息内容的监管。通过信息抓取的方式对媒体作品内容进行抓取和分析，将含有敏感词汇、不健康内容的信息进行数据分析，然后删除，尽量从源头上杜绝不良媒体信息进入互联网。

（三）提高普通民众的媒介素养

媒介素养是指受众面对媒介发布的各种信息时的选择能力、理解能力、质疑能力、评估能力、创造和生产能力及思辨的反应能力。当下，借助新媒体技术传播的信息与普通民众息息相关，普通民众要树立正确的人生观、价值观，提高对信息的理解和判断能力，学会甄别关键信息。同时，随着大数据、元宇宙时代的到来，普通民众要秉承活到老、学到老的理念，不断学习新知识、新技能。

三、新媒体常用运营工具

（一）排版编辑器

排版编辑器是帮助新媒体从业人员针对不同的运营平台快速完成内容排版的实用工具。不同的排版编辑器所提供的功能和服务不同，以下是三种常用的排版编辑器及它们的功能特点。

（1）135编辑器：提供丰富的样式库，支持收藏样式和颜色、图片素材编辑、图片水印处理、一键排版等功能。

（2）i排版：排版效率高、界面简洁，支持全文编辑、实时预览、一键样式、原创样式设计、一键添加签名。

（3）新榜编辑器：丰富的样式和模板，海量的在线图片搜索，一键同步多平台，有大量爆文供参考。

（二）微场景制作器（H5制作）

微场景制作器可以根据特定的活动和场景需求，为新媒体从业人员提供独特的微场景制作功能，广泛应用于微信、小程序等平台。以下是三种常用的微场景制作器及它们的功能特点。

（1）易企秀：提供免费H5微场景、海报、长图、表单、视频、互动游戏、建站、小程序等八大制作工具及秀推智能营销平台。

（2）人人秀：可以快速制作H5页面、H5游戏、各类微信活动、H5活动、涨粉活动等。

（3）凡科互动：免费提供H5小游戏模板，快速创建微信活动，一键发布，裂变吸粉。

（三）微信公众号运营插件

微信公众号运营插件是为微信公众号运营者快捷完成多个公众号运营动作的插件工具。例如壹伴，支持多公众号管理、公众号数据采集、一键图文转载、查找文章配图、无版权图、表情包、GIF动图、数据分析、AI标题评分、永久链接、公众号运营工具增强等。

（四）二维码生成器

二维码是连接线下与线上内容的重要渠道。二维码生成器可以帮助新媒体从业人员生成特定功能的二维码，并提供二维码数据统计等后续服务。以下为三种常用的二维码生成器及它们的功能特点。

（1）草料二维码：提供二维码生成、美化、管理、活码制作、统计等功能。

（2）二维工场：提供二维码生成、二维码营销、二维码签到功能。

（3）第九工场：美化二维码，制作形态各异二维码、动态二维码。

（五）在线图片制作工具

在线图片制作工具能让新媒体从业人员以最简易的方式完成图形的设计工作。以下是两款常用的在线图片制作工具及它们的功能特点。

（1）创客贴：一款简单易用的线上图形设计神器，功能十分强大，涵盖了新媒体营销的多个场景。

（2）Canva：一款支持多平台（网页端、iPhone、iPad及Android端）的在线平面设计工具，提供丰富的版权图片、原创插画及各类优质设计模板。

（六）短视频剪辑器

短视频剪辑器能帮助用户以更简单的方式实现视频的剪辑合成、配音配乐、贴图滤镜等动作，大大降低了新手用户对短视频制作的学习成本，帮助短视频行业降低门槛、提速发展。以下为四款常用的短视频剪辑器及它们的功能特点。

（1）快剪辑：国内首款支持在线视频剪辑的软件，拥有强大的视频录制、合成等功能。

（2）必剪：哔哩哔哩旗下的专用视频剪辑工具。

（3）快影：快手旗下的短视频剪辑工具。

（4）剪映：抖音旗下的一款剪辑App，适合抖音视频剪辑。

（七）爆文分析和数据跟踪工具

爆文分析和数据跟踪工具能帮助新媒体从业人员完成数据追踪分析等工作，能大大提高各类数据的有效性和实用性，减少新媒体从业人员在数据分析工作上的成本投入。以下为四款常用的爆文分析和数据跟踪工具及它们的功能特点。

（1）新榜：新媒体内容产业服务平台，提供各类新媒体账号翔实数据、内容榜单、爆文分析等。

（2）西瓜助手：打造专属的文章素材库，同时提供微信公众号分析、爆文追踪、微信活动等功能。

（3）清博指数：中国新媒体大数据权威平台，提供微信、微博、头条号等多个新媒体平台排行榜、舆情报告等。

（4）微小宝：可实现多账号管理数据监控、微信爆文分析、分组管理等。

扩展探索 >>>

1.注册本任务提到的新媒体常用运营平台，并了解各平台的优势。

2.和朋友分享自己认为的最便捷的排版编辑器，并表述原因。

3.了解新媒体常用运营工具的特性，并熟练掌握部分运营工具。

项目三 新媒体文案撰写素养要求

本项目共有四个任务，可以让学习者对新媒体文案写作有更为全面的理解与认识，掌握新媒体文案撰写的技巧，能赏析新媒体优秀文案，从而输出高质量的新媒体文案。任务一帮助学习者转变写作思维，养成新媒体文案写作思维。任务二基于当前企业对新媒体文案人员的实际需求，系统地介绍了新媒体文案写作前的准备工作，以及写作时的整体流程与具体步骤。任务三分析新媒体文案与传统新闻写作的异同，从新媒体文案的架构、标题、开头、结尾四大模块入手，帮助学习者掌握新媒体文案写作技巧。任务四围绕优秀新媒体文案的写作秘诀和撰写新媒体文案实例两个方面，翔实地为学习者分析如何创作优秀的新媒体文案。

【知识目标】

（1）了解互联网思维下新媒体文案的特点。

（2）明确新媒体文案与传统新闻写作的异同。

（3）掌握新媒体文案写作步骤。

【能力目标】

具备鉴赏新媒体文案的能力，能够辨别新媒体文案的优劣；通过对优秀新媒体文案作品进行写作模仿，掌握新媒体文案写作相关技巧，提升自身文案写作能力。

【素质目标】

引导新媒体从业人员坚持一切从实际出发，避免杜撰，不造谣、不传谣、不发布垃圾信息，坚定社会主义核心价值观，传播优秀文化，自觉为社会传播正能量，从而提升新媒体从业人员的写作水平。培养新媒体从业人员的文案能力、创意能力、审美能力和学习能力。

【知识链接】

（1）互联网思维：在"互联网+"、大数据、云计算等不断发展的背景下，对市场、用户、产品、企业价值链乃至整个商业生态进行重新审视的思考方式。

（2）AIDA模式：也称"爱达"公式，是国际推销专家海英兹·姆·戈德曼总结的推销模式，是西方推销学中的重要公式，是指一名成功的推销员必须把顾客的注意力吸引或转变到产品上，使顾客对推销人员所推销的产品产生兴趣，这样顾客的购买欲望也随之产生，再促使顾客产生购买行为，达成交易。

AIDA是四个英文单词的首字母缩写。A为Attention，即吸引注意。如何吸引听众的注意呢？首先要提出问题，而所提出的问题正好是听众的困惑点。I为Interesting，即产生兴趣。也就是说，我们提出的问题可以吸引受众的注意，而之所以能吸引他们的注意，是因为他们对问题感兴趣，这时候如果能够给他们提供问题的解决方案，就会促使他们产生兴趣。D 为 Desire，即培养欲望。也就是说，我们提供的解决方案是跟我们的卖点相结合的，这时可以重点突出卖点，使顾客对产品产生欲望。A 为 Action，即促成行动。也就是说，当顾客对产品产生欲望之后，我们应该尽快促成他们对产品买单的行为，可以通过限时售卖、限时促销等形式，也可以让顾客产生非买不可、不买遗憾的心理。

任务一　新媒体文案认知与写作思维养成

一、新媒体文案认知

（一）新媒体的概念

"媒体"这个词最早来源于拉丁语"Medius"，也常被翻译成"媒介"。人们常说的广义范围的"媒体"或"媒介"，是指用来传递信息或获取信息的工具、载体或技术手段。借用大众传播学鼻祖麦克卢汉的观点："从社会意义上看，媒介即信息。"狭义的媒体，就是人们常说的传统四大媒体，即报纸、杂志、广播、电视，它们是文明社会早期产生的媒体形式。

新媒体是相对于传统媒体而言的，是随着移动互联网技术发展而兴起的媒体渠道。它以数字技术为基础、以网络为载体进行信息传播，向用户提供信息和娱乐服务。严格地说，新媒体应该称为数字化新媒体。

与传统媒体相比，新媒体具有即时性、海量性、共享性、交互性等特征。新媒体不是一成不变的，它是随着计算机网络和数字技术的发展而动态发展的。例如，互联网的门户网站、应用论坛、电子邮件等在 20 世纪 90 年代也曾被称为新媒体，但随着科学技术的发展、数字技术和移动互联网的飞速更新换代，以往各类 PC 终端的内容和形式已不能代表新媒体了。

关于生活、娱乐、工作的新媒体 App 主要如下。

（1）社交类手机应用：QQ、微信、微博等。

（2）新闻资讯类应用：网易新闻、腾讯新闻、今日头条等。

（3）视频娱乐类应用：哔哩哔哩、优酷、爱奇艺等。

（二）新媒体文案的概念

"文案"一词旧时指官署中的公文、书信等，现多指企业的事务性文字，也指做这种工作的人员。文案是与广告创意相继出现的，多存在于广告公司、企业宣传与新闻策划。

文案主要存在于广告行业，广告行业的文案有广义与狭义之分。广义的广告文案是指广告作品的全部，包括广告的语言、文字、图片、创意等表现形式。狭义的广告文案仅指广告作品中的文字部分，如广告的标题、副标题、广告语、活动主题的文字等。如

图3-1所示，"钻石恒久远 一颗永相传"就是一则非常经典的广告文案。

图3-1 恒久珠宝文案

新媒体文案是借助新型的媒体（移动互联网）而重点输出广告的内容和创意。随着数字化媒体的普及和社交媒体的兴起，新媒体文案已经成为营销传播中不可或缺的重要手段。

（三）新媒体文案的特点

新媒体文案与传统文案在写作方式上大同小异，只是新媒体文案的投放渠道不同于传统文案。因为读者的阅读习惯随着时代的变化而变化，所以新媒体文案对写作也产生了不一样的要求。新媒体与传统媒体相比，具有传播渠道及形式多元化、互动性强、目标人群精准化、文案易被用户再创作等特点。

1. 传播渠道及形式多元化

新媒体文案传播渠道包括QQ空间、微信公众号、微博、支付宝服务窗等，很多企业为了占据多渠道，会将同一信息根据渠道人群的不同而采用不同的文案进行发布。传播形式的多元化，让广告不仅能够以文字的形式发布，还能够以图文、视频、游戏等多种形式发布，这让广告实现了多元化呈现。

2. 互动性强

新媒体文案的互动性是其一个重要特点，它主要体现在以下十个方面。

（1）内容创意：新媒体文案需要通过创意的内容吸引用户的注意力。这些创意既可以是对产品的描述、品牌的塑造，也可以是与目标受众相关的情感表达。

（2）语言风格：新媒体文案的语言风格应轻松、幽默，具有亲和力，以便更好地吸引受众并与之建立情感联系。

（3）话题和活动：通过发起话题讨论或线上活动，新媒体文案能够鼓励受众参与，增加互动性。例如，邀请用户分享自己的经历、故事，或者参与投票、问卷调查等。

（4）反馈机制：建立有效的反馈机制是提高新媒体文案互动性的关键。文案应该留出空间让受众表达他们的意见和反馈，这样不仅能提升用户的参与感，还能为企业提供有价值的市场信息。

（5）多媒体元素：运用多媒体元素（如图片、视频、音频等）可以使新媒体文案变得更加生动有趣，提高用户的参与度。

（6）互动设计：新媒体文案中可以包含交互性的设计（如小游戏、问答、测试等），让用户在参与过程中与文案产生互动，增强记忆点。

（7）个性化互动：针对不同用户的特点和需求，提供个性化的互动方式，能够让用户感受到被重视和理解，从而提高他们的参与意愿。

（8）社交媒体分享：鼓励用户分享他们在文案中获得的有价值的信息，可以通过设计分享按钮、提供分享提示等方式实现。

（9）时间节点：选择适当的时间节点发布新媒体文案，如节日、纪念日或社会热点事件，可以增加与用户的互动机会。

（10）实时更新：根据用户反馈和市场需求，实时更新新媒体文案的内容和形式，保持其新鲜感和吸引力。

总的来说，新媒体文案的互动性强调的是与用户的双向沟通，要利用创意、话题、活动等多种方式吸引用户的参与，同时建立有效的反馈机制，提供个性化的互动体验，以增强用户对文案的认同感和参与度。

3. 目标人群精准化

各新媒体平台的使用人群均有明显的特征，如"80后"常用社交媒体为QQ和QQ空间，而"00后"更喜欢通过微信朋友圈和哔哩哔哩视频弹幕等平台进行交流。

在大数据时代，人们在互联网上的各种点击登录均被后台记录，企业终端可根据目标人群有选择地进行相关信息的推送及广告投放，如针对孕妇推送母婴用品。平台自身基于数据的处理，也能够向不同人群推送不一样的信息内容。例如，今日头条新闻客户端能够根据用户往期浏览的新闻风格类型，有选择地推荐对应内容；淘宝可以根据用户的浏览记录、往期购买服装的风格类型、所购买服装的价格区间等推送对应的服装，以便更好地促成交易。企业也可以运用对应平台中与自身相关的数据对不同目标人群进行精准营销。

4. 文案易被用户再创作

新媒体文案易被用户进行二次创造并分享其再创作内容。新媒体文案的创作要求比传统文案的创作要求更加接地气，且更加短小、平实、快速。短小即文案能短则短，将最核心的信息表达出来，快速吸引受众的注意力；平实即亲民接地气，新媒体的特性决定了要推广产品的文案应通过平实、亲近的语言风格来表达；快速即互联网传播非常快速，新媒体文案也需快速产出。

（四）新媒体文案的重要性

随着智能手机的普及，越来越多的消费者已经适应并喜欢阅读新媒体文案。但受移动客户端屏幕尺寸的限制，消费者能接收的信息有限，且移动状态下消费者注意力很难持续集中，最终导致爆发式增长的新媒体信息和消费者有限的注意力之间的矛盾。若新媒体文案写得好，则可以起到四两拨千斤的功效，不仅可以快速传播推广，还可以提升产品销量，甚至可以为企业减少广告传播的费用。

1. 新媒体文案写得好，传播更快速

例如，加多宝在与王老吉争夺品牌使用权败诉后，在微博平台上，用自嘲的口吻配以幼儿哭泣的图片推出了一系列"对不起"文案，如图3-2所示。这一举措不仅赢取了广大消费者的同情心，还为品牌更名这一事件做了一场高效的传播。2013年，加多宝凭此文案获得了多项营销大奖。

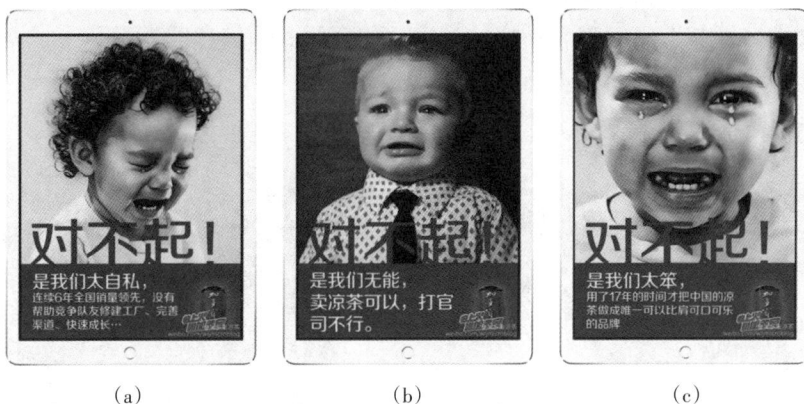

(a)   (b)   (c)

图3-2 "对不起"文案

2. 新媒体文案可直接带来销售转化

传统的文案推广往往是在媒体渠道进行长期投放，消费者在特定平台上购买。而新媒体文案与电商平台结合，能直接带来销售转化，如图3-3所示。

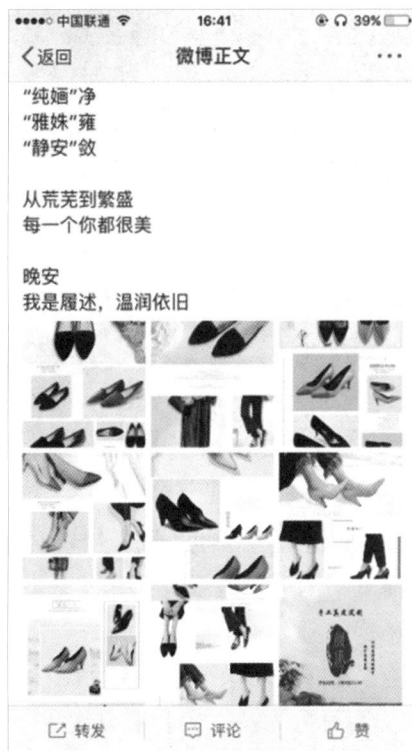

图3-3 新媒体文案与电商平台结合

（五）新媒体文案常见的类型

1. 按照广告目的分类

企业的广告文案大都是为销售服务的，为了更好地区分文案类型，可根据企业广告的主要目的分为销售文案和传播文案。

销售文案，即能够立刻带来销售的方案，如介绍商品信息的方案和为了提升销售而制作的引流广告图等，如图3-4所示。

图3-4　销售文案

传播文案，即为了扩大品牌影响力的文案，如企业形象广告、企业节假日情怀营销文案等，如图3-5所示。

图3-5　传播文案

不同的文案类型，其写作的创意和方法也不同。销售文案需要立即打动人，并促使消费者产生购买行为；而传播文案侧重于是否能够引起受众的共鸣，引发受众自主自发传播。

2. 按照篇幅长短分类

按照篇幅长短，新媒体文案可分为长文案和短方案。一般来说，长文案为1000字以上的文案，如图3-6所示；短文案为1000字及以下的文案，如图3-7所示。通常来讲，长文案需要构建强大的情感情景；而短文案在于快速触动，注重表现核心信息。

夜读 | 新年最好的状态：一半书香，一半烟火

洞见 民生周刊 2024-02-11 21:27 北京

人民日报社主管主办

手执烟火以谋生，心怀诗意以谋爱。

2024.02.11
第2156期

全民夜读
民生周刊
8分钟

▶

点击上方按钮 收听朗读音频

文/洞见pumpkin

我时常在想，应该怎样活着，才算是不负此生呢？看到纪录片《书店与菜市场》里的一个答案，觉得在理：既有思想的高地，又沾点烟火气。

手执烟火以谋生，心怀诗意以谋爱。书香伴着饭香，才是红尘俗世最温暖而笃定的幸福。

△

1 观点陈述
一个人最高贵的气质，是书香气

春秋时期，闵子骞仰慕孔子的才华，遂拜孔子为师。刚入师门时，闵子骞面色蜡黄，无精打采。过了一段时间，他气色好转，变得容光焕发。

孔子问其原因，闵子骞答道：来到这里后，我常读书，懂得了很多道理，遇事心平气和，面色自然红润起来。

三毛在《送你一匹马》中说过："许多时候，自己可能以为许多看过的书籍都成过眼烟云，不复记忆，其实他们仍是潜在的。在气质里、在谈吐上、在胸襟的无涯，当然也可能显露在生活和文字中。"

阅读，是一个水滴石穿的过程。读一本书，你可能感受不到什么变化。读百本书，你掌握了更多的知识和技能，就能游刃有余地解决各种问题。读千本书，你的见识和胸怀打开了，遇到再大的波澜，也能从容应对。

养成阅读的习惯，就等于为自己筑起一个"避难所"。它可以让你避开生命中所有的灾难，也可以让你逃脱人世间几乎所有的悲哀。生活的一切不解与疑惑，都能在书中找到答案。

无论是驱赶迷茫，对抗平庸，还是消解苦难，读书都是最简单也最实用的方法。

新的一年，愿你把读书当成一种乐趣，内化为一种生活方式。在书香文墨之中，润泽生活的枯燥，充盈自己的灵魂。

2

一个家最高级的仪式感，是烟火气

家和房子不一样，房子是冰冷的建筑，只有当房子里有了爱的人，有了烟火气，才有了温度。

幸福的家庭都是相似的，想一想，你记忆里的家是不是这样？

炒锅在灶台上滋滋作响，炊烟伴随着饭香袅袅而起，窗外闪耀着万家灯火。母亲穿着围裙，催促着开饭，父亲赶忙张罗着把饭菜端上桌。一家人围坐在餐桌前，筷勺你来我往，杯壁叮当作响，聊着彼此的日常。

"人间烟火气，最抚凡人心。"人生最幸福的，不过是一家人烟火味里的彼此守候。

朱自清曾在书中忆及父亲冬夜煮豆腐的情景。

房外大雪纷飞，父亲在腾腾的热气里，慢慢夹起豆腐，放在儿子们的酱油碟里，慈爱地说："晚上冷，吃了暖和些。"

那时他还小，只觉得豆腐暖口暖心。直到多年后一个冬天，朱自清携家眷在台州过年，他下班回来，正好看到屋里妻子和孩子三人并排挨着厨房的方桌，带着天真的微笑注视着从远处走来的自己。

那一瞬间他才明白，父亲煮的豆腐，其实是暖心暖胃的治愈。在以后每个难捱的人生寒冬，只要想起父亲的叮嘱、妻子和孩子的微笑，他心里总是暖乎乎的。

《舌尖上的中国》说：中国人总会将苦涩藏在心里，而把幸福变成食物，呈现在四季的餐桌之上。

正因此，热气腾腾的餐桌，一家人团圆，笑语满堂，推杯换盏，才会成为中国人最简单也最踏实的幸福。生活一地鸡毛，工作不如人意，我们日复一日在俗世沉浮挣扎。

但还好，有家人为你卸下一身风霜，有三餐治愈你的疲惫。那些最热烈的感情，最美的故事，永远藏在一粥一饭的守候中、一颦一笑的温暖中。

3

最好的状态：一半书香，一半烟火

一直觉得陈道明是演艺圈里特立独行的存在。在名利场沉浮数十载，他没沾染上半分俗气。别人在酒局上推杯换盏的时候，他却宁愿躲在家里读书练字。

他热爱古典文学，每次拍戏间隙，都会自顾自地读得津津有味；每拍完一部作品，都会留一两年的时间读书学习。

陈道明的哥哥曾对媒体说："他北京的家里连有线电视都没装，书房里堆满了书，自己就睡在一堆书中。"

书香润泽心灵，书读多了，陈道明身上也自然有一种儒雅静默的气质。他素以高冷形象示人，但现实生活中，却又是一个烟火气十足的人。

"男人就是要在家多待一待，如果晚上每个家庭的灯都亮了，也是一种时尚。"他不喜欢应酬交际，每天收工之后，都会第一时间赶回家，和妻子一起做晚餐，陪着女儿做小手工，一家人言笑晏晏，其乐融融。

"四方食事，不过一碗人间烟火。"随着时间的推移，我们终会发现，曲意逢迎的话不如家人的温言软语动听，深夜的酒不如清晨的粥可口。俗世的灯红酒绿，不如小家的人间烟火。

我们一生所求，不过枕边有书，家中有爱，和喜欢的人一起度过三餐四季。慢品人间烟火色，闲观人间岁月长。一半诗意，一半烟火，才是生活最美的样子。

新的一年，愿你左手生活，右手理想，以清净心看世界，以平常心生情味，把日子过得活色生香。

图 3-6　长文案

图3-7　短文案

3. 按照广告植入方式分类

按照广告植入方式分类，新媒体文案可分为软广告和硬广告。软广告即不直接介绍商品、服务，而通过其他方式代入的广告，如在案例分析中植入品牌广告或在故事情节中植入品牌广告。受众不容易直接觉察到软广告的存在，它具有隐藏性，如图3-8所示。硬广告则相反，即以直白的内容形式发布到对应的渠道上。

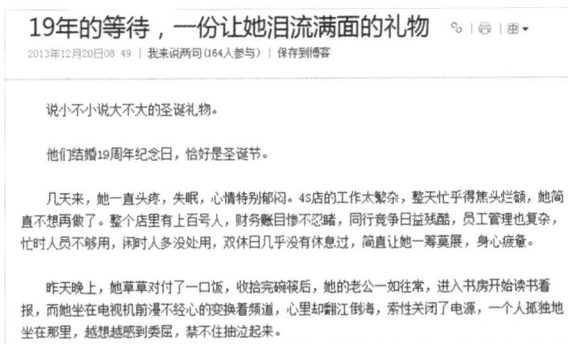

图3-8　软广告（有改动）

4. 按照渠道及表现形式分类

渠道不同，文案的表现形式也不同。例如，微信公众号支持多种形式的文案表现，有文字、图文、视频、语音等；微博文案仅支持140字，也可附图、附视频。

二、新媒体文案的写作要求

新媒体文案的创作主要是通过网络平台完成的，它的受众是网民。为了吸引网民的注意力，新媒体文案要具备较强的说服力、互动性和可视性。

首先，新媒体文案要具备较强的说服力。说服力不仅包括对产品、服务或信息的说明，还包括对目标受众进行的心理说服。例如，当一个产品即将上市时，销售人员通常会利用各种方法让消费者相信这个产品是好产品。他们会根据目标受众的年龄、性别、职业、地域特点来制定不同的说服策略。

其次，新媒体文案要具备较强的互动性。随着互联网的发展，人们已经习惯于在线上进行大量的交流和沟通。因此，如果一个文案内容不能吸引人们的注意力，那么就很难在竞争激烈的市场中站得住脚。一般来说，一个好的新媒体文案能够吸引人们对信息、产品或服务进行广泛而深入的讨论。

最后，新媒体文案要具备较强的可视性。随着人们生活水平不断提高，人们对生活越来越重视"看上去"。而作为一种市场营销工具，一张好的新闻图片或宣传海报能够吸引人们对信息、产品或服务进行广泛而快速的浏览。

三、新媒体文案的写作思维

新媒体文案写作者需要激发创造力，这样才能写出条理清晰的创意性文案，从而吸引更多受众的目光，获得更大的收益。而创造力来源于新媒体文案写作者自己的思维方式，如果具备了以下六种思维方式，新媒体文案写作者就能更好地培养自己的创意思维，创作出独具特色的文案。

（一）垂直思维和水平思维

从根本上看，新媒体文案的创意不仅仅来自文案写作者的想象力，还取决于文案写作者思维的灵活性。若运用好垂直思维和水平思维，文案写作者则能创作出更多优秀的新媒体文案。

1. 垂直思维

垂直思维是指对事物本身进行深入分析后，向上或向下进行的垂直思考。垂直思维具有非常强的逻辑性，可以说是一种思维定式，日常的学习和生活正是在强化一系列的垂直思维。在运用垂直法创作文案时，垂直思维会促使文案写作者展现出很多公理（公认的理由），如经验、旧知识、常识、人尽皆知的道理等，如图3-9所示。

(a)　　　　　　　　　　(b)　　　　　　　　　　(c)

图3-9　支付宝联合多家理财产品创作的海报文案

图3-9所示是支付宝联合多家理财产品所创作的海报文案。该文案内容展示出经济独立的重要性，其本质是向消费者提出"要改善经济状况"的建议，并根据人尽皆知的道理顺势提出解决问题的方案——使用高收益理财产品。该文案充分运用了垂直思维并具有很强的逻辑性。

2. 水平思维

水平思维不属于思维定式，它是跳出原来的逻辑关系，以非常规的方式去解决疑难问题的一种多方向、多出口的独辟蹊径的思维方式。也就是说，水平思维和垂直思维不同，水平思维需要想出此前未考虑到的因素，或者可能解决问题的办法或途径。当人们使用水平思维时，能够跳出原有的认知模式和心理框架，打破思维定式，通过转换思维角度和方向来重新构建新理念和新认知。因为水平思维摆脱了思维定式，所以这样写出的文案具有打破直观、富有创见性的特色，就是通常所说的有创意，如图3-10所示的文案。

图3-10 某柚子茶的商品海报文案（有改动）

图3-10所示是某柚子茶的商品海报文案。-1 ℃的饮品有多冷呢？该文案运用了水平思维，不仅仅是简单地陈述饮品温度，而是思考世界上还有什么是冰冷的；然后从感情的角度出发，表示前任的冷漠无情会让人如坠冰窟；有过这种体会的消费者就会产生一定的情感共鸣，而没有这种感受的消费者也会好奇"比前任的心还冷1 ℃"到底有多冷。

需要注意的是，垂直思维是沿着既定的路径一直走下去，水平思维则意味着进入旁边的路径，在不同的模式中进行转换。创作文案时，垂直思维关注"是什么"，水平思维关注"可能成为什么"；垂直思维进行批判式思考，水平思维进行建设性思考；垂直思维产生非此即彼的观点，水平思维中相互冲突的观点被兼容；垂直思维会产生判断、质疑、争论等行为，水平思维则会产生聆听、理解、设计和创造等行为。

（二）发散思维和收敛思维

进行创意思考的方式还包括发散思维和收敛思维，二者既是进行创意思考时常见的思维方式，也是评定创造力的主要标志。

1. 发散思维

发散思维亦称扩散思维、辐射思维，是指在解决问题的思维过程中，从已有的信息出发，尽可能地朝各个方向扩展，并不受已知或现存的方式、方法、规则和范畴的约束，在这种扩散、辐射和求异式的思考中，求得多种不同的解决办法，衍生出各种不同的新的设想、答案或方法的思维方式。如图3-11所示，已有核心信息是回家，围绕回家朝各个方向进行扩展。

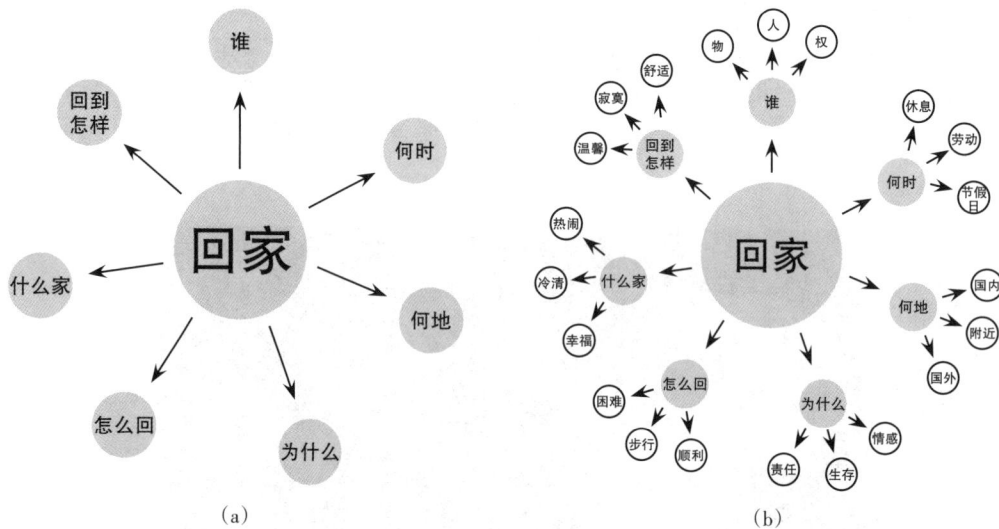

图3-11　发散思维示意图

利用发散思维进行思考需要具备充足的想象力。以"曲别针"为例展开想象，一般从它的作用出发会想到装订书页、做书签、别衣服。运用发散思维进行联想，它还可以用来当手机支架、钥匙扣、临时鱼钩、别在两个拉链之间防止裂开、挂日历、挂窗帘、扭成心形做装饰等；也可以从其材质分析，如加工可制成弹簧等。文案写作者运用这种思考方法可以丰富商品本身的文化内涵，给自己更多选择的空间，使文案内容变得更加丰富和充满吸引力。

2. 收敛思维

收敛思维又称求同思维、集中思维、辐集思维和聚合思维，是指从已知信息中产生逻辑结论，从现有资料中寻求正确答案的一种有方向、有条理的思维方式。收敛思维与发散思维正好相反，是一种异中求同、由外向里的思维方式。

创作新媒体文案时，文案写作者需要运用收敛思维在众多的商品信息里找出关键点，然后对症下药，有针对性地写作，也就是通常所说的找到商品的核心卖点。以洗发水为例，洗发水的功能卖点包括去屑止痒、清洁柔顺、清爽去油等，但并不是说针对头皮瘙痒的止痒洗发水就不具备滋润养护、净化发丝的作用，只是文案写作者运用了收敛思维，从该洗发水的众多功效中选择了最合适、最具针对性的功能。这就是收敛思维的真实表现，即从信息中挑选最关键有效的信息，以达到一击即中的目的，如图3-12所示。

图3-12 运用收敛思维创作的文案

（三）顺向思维和逆向思维

顺向思维和逆向思维其实就是垂直思维的两种具体形式。顺向思维是向下的垂直思考。逆向思维也叫求异思维，是指对人们几乎已有定论的或已有某种思考习惯的事物或观点进行反向思考的思维方式。逆向思维敢于"反其道而思之"，让思维朝对立的方向发展，向问题的相反面进行探寻摸索，从而找出新创意与新想法。

图3-13是某化妆品的商品海报文案，该商品使用明星作为形象代言人。形象代言人的作用是引起品牌形象联想、体现品牌个性。顺向思维应该是男性用品用男性模特，女性用品用女性模特，而这里运用了逆向思维。当女性消费者看到男性的皮肤都可以保养得光洁细腻时，自然就更加相信这款商品了。

图3-13 某化妆品的商品海报文案

通过以上方法进行思维拓展后，文案写作者可以在匹配消费者需求的基础上，找到合理的切入点，以便在文案策划与写作中创作出击中消费者诉求的创意文案内容，使文案能标新立异、出奇制胜，给消费者留下深刻印象，从而提高商品的关注度和转化率。

扩展探索 >>>

你认为下面哪条MP3的文案更适合新媒体传播？

（1）纤动我心，有容乃大。

（2）把1000首歌装到口袋里。

（3）晒一晒你的MP3里最近单曲循环的一首歌。

任务二　新媒体文案内容策划

一、任务需求分析

随着新媒体营销的发展，新媒体文案作为企业向受众传达广告信息的必备载体，在各行业领域中形成了巨大的市场需求。对于传统企业而言，新媒体渠道的广告形式多样，受众广阔，可以拓宽原本的商业市场，以提供更多销售机会；对于互联网企业而言，这种文案营销模式成本低廉，能够用相对少的成本创造出更多的商机，为企业带来更大的营销空间。纵观现在的职场环境，对新媒体文案人员的需求一直居高不下，新媒体文案人员应紧跟新媒体时代发展的潮流，更好地适应市场，从而最大化地实现个人价值。

本任务基于当前企业对新媒体文案人员的实际需求，系统地介绍了新媒体文案写作前的准备工作和写作时的整体流程与具体步骤，且给出了新媒体文案写作的创意思考及输出办法，致力于帮助学习者提升文案写作技能，提高他们从事新媒体文案岗位的综合竞争力，为成为合格的新媒体文案人员打下坚实的基础。

二、新媒体文案的写作步骤

李铭毕业后入职了一家新媒体工作室，该工作室的负责人交给他一项任务，即着手写一篇关于台灯的新媒体文案。李铭接到该任务的第一反应是直接根据材料埋头撰写，结果用这种方法写出的文案被反复要求修改。这让李铭痛苦不堪。

如何避免出现上述情况？文案工作者在工作中首先要深入思考一个问题——文案是为了解决什么问题？写一篇好文案既不是简单地在电脑上将文字进行组合并添加恰当的形容词即可，也不是只要文笔好就可以，而是需要找到所描述的商品或服务在当下最需要解决的问题是什么，并通过创造性文案让受众理解、领会乃至接受这一点。

虽然有些广告文案呈现在人们眼前时可能不超过10个字，一些脍炙人口的品牌文案（如表3-1所列）看似简单易写，但这些背后需要文案工作者完成一系列工作（包括相关的调查研究、目标人群分析、竞争对手分析等），以最终确定品牌的定位及口号。

实际上，为写好一句文案而做准备的时间要远远大于写文案的时间。

表3-1 日常生活中脍炙人口的品牌文案

序号	品牌	文案
1	淘宝	淘我喜欢
2	农夫山泉	农夫山泉有点甜
3	麦当劳	我就喜欢
4	美特斯邦威	不走寻常路
5	自然堂	你本来就很美
6	李宁	一切皆有可能

文案写作的步骤简单来说主要分为明确文案的写作目的、列出文案的创意纲要、形成文案的创作思路和文案复盘四步。

（一）明确文案的写作目的

创作新媒体文案前，首先要明确写作是为了品牌传播，还是为了提高商品的销售量，或是为了营销推广。写作目的不同，写作的思路和方法也有所不同。

（1）品牌传播文案：思考如何让文案内容符合整体的品牌风格，引起共鸣。

（2）广告软文文案：思考如何让人感觉到有需要，让用户产生信任，并进行购买。

（3）促销推广文案：思考如何让人觉得该活动有吸引力，很值得参与，而且门槛不高。

（二）列出文案的创意纲要

对新媒体文案人员来说，列出文案创意纲要，有利于文案的输出。在梳理纲要时，首先要厘清三个问题，即对谁说、说什么、在哪说。文案写作就像日常沟通，面对的群体不一样，沟通对话的内容也会有所不同。所以，在写作前期梳理清楚创意纲要，会让文案的创作更有方向。

（1）对谁说：即这个文案要给谁看，也是对受众人群的分析。

（2）说什么：分析完受众人群之后，再考虑说什么。这一步需要深入挖掘产品自身的卖点，可以参照竞争对手的说服策略，在此基础上提炼出自身文案的说服点。

（3）在哪说：根据人群选择合适的媒体、合适的时间进行文案的发布。目前，比较熟知的新媒体渠道主要有微博、微信公众号、小红书等公共平台，朋友圈、社交群等私域流量，还有网店社区、直播等种草平台。

列文案的创意纲要时，一般包括以下三个要素。

（1）目标说明：简单具体地说明广告的目的或要解决的问题，也包括产品或品牌的相关名称、具体的目标消费者描述等。

（2）支持性说明：对支持产品卖点的证据进行简要说明。

（3）品牌特点或品牌风格说明：对品牌特点或品牌风格进行说明，突出品牌价值。

（三）形成文案的创作思路

明确了写作目的、受众人群、竞争对手及自身卖点后，新媒体文案人员要找到本次文案需要解决的问题，然后结合新媒体投放渠道的特征，进行创意思考，形成文案的创作思路，完成文案的写作输出。

在新媒体文案写作中，文章的开头决定了整篇文案的思路走向。营销大师费瑞兹曾经说过："拒绝，是顾客的天性。"当顾客敏锐地嗅到卖货的味道时，下一步动作就是拒绝。人们都有过类似的经历，打开网页的第一件事就是关闭各种弹窗，有时还会买各种视频会员以关闭视频前播放的广告。可见用户对广告信息的抵触。正因如此，一个足够吸引人读下去的开头就变得尤为重要，这个开头要具有一定的迷惑性，掩盖住自身卖货的目的，吸引顾客完成阅读。

1. 思路一：平铺直叙型

平铺直叙是最为基础的一种基调，比较适合新手小编，很多纪实类文案的开头都会平铺直叙式地展开。

例如一条关于环境污染的文案，其开头是一张人造森林的照片，文案是"这片土地曾经被砍伐并破坏，但现在，它成为一片郁郁葱葱的森林，这片人造森林，整整1360英亩，比中央公园还大"。该文案平铺直叙地展开，将客观事实客观地陈述出来，既介绍了这片森林，又介绍了森林现状，不加渲染地还原事实，让人觉得很真实。

2. 思路二：幽默型

世界上有两种讨喜的话，一种是恭维，另一种是幽默。因此，幽默的基调容易引起读者兴趣，让人读进去的幽默型文案，大家看完之后会觉得轻松有趣，对广告的接纳度也会更高。

例如下面这条以幽默的方式呈现的阿里健康的文案：

"你这辈子，说过最年少轻狂的一句话是什么？"答案是："师傅，帮我头顶打薄下。"

这篇文案从一个诙谐的小段子讲起，讲的是人类脱发的难题，最后由基因引出文案的主题——阿里健康的广告。

3. 思路三：怀旧型

人类是感性动物，很容易为情绪服务买单。在信息时代，物质上的更新换代加快了，精神上的更迭却放缓了，每种带着回忆的东西的消逝，都会引起广大网民的回忆。情怀不仅是一种对过去事物的感叹，也是文案调动消费者共鸣的营销手段。例如：

（1）诺基亚倒闭了，"板砖"成了一种情怀；

（2）柯达倒闭了，胶片质感反而更流行；

（3）百事可乐的广告文案"把乐带回家之猴王世家"，就是大打怀旧牌，借六小龄童扮演的美猴王在我们童年留下的情感，引起观众回忆和共鸣。

4. 思路四：科普型

近些年，科普类的软文大火，成为一种常见的营销模式。它利用了人们对无知的焦虑，引发用户进一步地阅读。这类文章在开头就告诉受众，这篇文章是为了"涨知识"。

用户本着这样的目的，就会很自然地继续往下翻阅，接受这种软广告的"安利"或"种草"。

例如某篇讲护肤的推文，文案的开头对"秋冬太阳没那么强烈，因此就不需要防晒"的观念进行了科普，站在专业的角度上，科普了一系列秋冬护肤攻略，推荐了不少品牌的防晒霜和乳液，很多人浏览文章的过程中不知不觉就被吸引，进而产生购买行为。

（四）文案复盘

复盘即对已做过的工作内容再次进行梳理、总结。可通过数据、目标人群的反馈将文案工作中的优点及缺点一并总结。文案工作中的优点可以继续保持，缺点则需提出进一步的修改及改进意见并保留，以备下次写文案时加以参考。

三、新媒体文案的准备工作

新媒体文案写作实际是考验文案写作者的营销思维。文案是为营销服务的，所以必须先了解基本的营销思维。因此，写文案之前的重要准备工作就是做营销分析，包括资料的搜集与整理，对受众人群、竞争对手、产品属性及卖点提炼的分析。

（一）搜集并整理资料素材

了解新媒体文案的写作步骤是文案写作的基础，而在文案写作的过程中需要搜集并整理大量的资料信息，以对产品市场调研分析做准备，为文案的完成获取数据支持。对于文案人员而言，在调研前期搜集的资料类型有很多，不管是纸质资料还是电子信息，都具有一定的参考价值。搜集资料素材范围如图3-14所示。

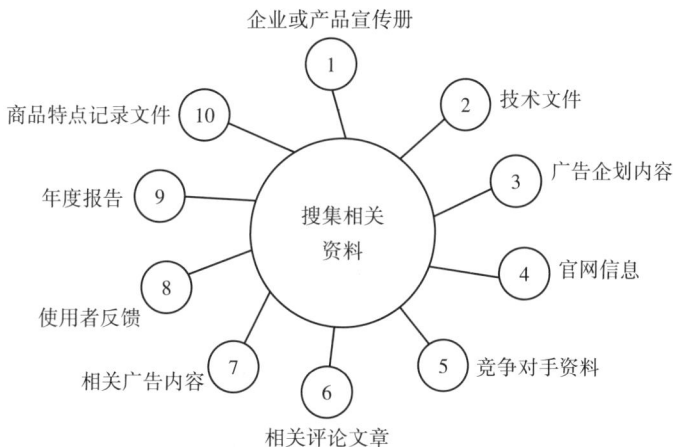

图3-14 搜集资料素材范围

（二）文案的受众人群分析

分析受众人群的目的是要区别不同人群的特点，从而在进行文案创作时更有针对性。当面对高收入、注重品质的受众时，如果文案一味强调价格便宜的特点，则达不到宣传效果，但它对部分价格敏感的人群有效。因此，优质的受众人群分析结果在文案写作中会起到事半功倍的效果。可以从文化、社会、个人三个层面来了解受众人群。

1. 文化层面

文化是人类需求和行为的最基本的决定因素，不同地区都有其特有文化。另外，不同的社会阶层在消费、兴趣爱好、语言模式等方面的差异也会导致文化上有所区别。阶层文化的不同主要由职业、收入和教育等因素决定。

2. 社会层面

社会因素是指影响消费者阅读文案的类型和购买决策的参考因素，包括家庭和社会角色。

（1）家庭。不同家庭的不同成员，对于消费或购买活动的定位是不同的，在活动中扮演的角色也是不同的。例如，销售一种玩具，推出的文案并不是针对孩子，而是针对实际购买者——孩子的父母，尤其是孩子的母亲，如图3-15所示。

图3-15 某玩具海报文案

（2）社会角色。不同的社会角色会产生不同的行为，并且在不同的场合，角色所对应的形象也略有不同。作为产品，也需要找到其在受众中扮演的角色，明确要给受众带来怎样的感受，受众使用产品的最终目的是什么。

3. 个人层面

个人层面的因素也会对文案创作产生影响。个人层面的因素包括受众人群的年龄、性别、职业、个性、生活方式、地域特色等。

（1）年龄。人在一生中会购买各种各样的商品、服务，并且不同年龄及不同人生阶段的需求也不一样。针对不同年龄的消费者，创作出的文案应该有不同的风格。例如，针对年轻人应该活泼自由，针对中年人应该成熟稳重，针对老年人需要温馨舒适，等等。随着年龄的增长，人们会依次度过生命中的几个重要节点，如升学、入职、结婚、生子等，人们在相应的人生节点对相关商品及服务的需求也不一样，如结婚时对家居类商品的需求会明显上升。

（2）性别。不同性别的消费者在对商品的需求和消费习惯上有着明显区别。男性消费者通常比较理性，针对他们的文案写作应体现商品的品质和性价比；女性消费者大多容易冲动消费，针对她们的文案写作应体现商品的时尚和外观，并尽可能利用各种方式引导其消费。

（3）职业。其同样会影响消费模式。例如，蓝领工人会购买工作服、工作鞋，公司高层领导会购买礼服套装、旅行用品等。与此同时，个人可支配的收入、存款和资产、负债等经济现状对消费也有很大影响。

（4）个性。每个人的购买行为均受到自我个性的影响。品牌也同样具有人格化的个性特征，消费者倾向于购买与自己个性相符的品牌或代表自己理想形象的商品或服务。美国品牌学之父戴维·阿克通过对品牌个性的研究总结出七种品牌人格，如表3-2所列。

表3-2 七种品牌人格

品牌个性	具体表现	代表品牌
坦诚	脚踏实地、诚实、有益和愉快	海尔（Haier）
刺激	大胆、生机勃勃、富有想象力和时尚	耐克（Nike）
能力	可靠、聪明和成功	沃尔沃（Volvo）
教养	上流社会的、有魅力的	资生堂（Shiseido）
粗犷	户外的和坚强的	狼爪（Jack Wolfskin）
激情	感情丰富、灵性和神秘	宝格丽（BVLGARI）
平静	和谐、平衡与自然	无印良品（MUJI）

（5）生活方式。指由行为、兴趣和观念构成的个人生活模式。生活方式会受到生活环境的影响。例如，一线城市存在快餐式的生活方式，人们更倾向于通过外卖的方式来解决午餐。又如，中国男性在前几年几乎不使用护肤品、化妆品，但近几年中国男性对自己的身体护理和形象的要求越来越高，这也是他们生活方式的变化。另外，有些消费者更倾向于通过雇用专业人员为自己完成部分原本需要自己亲手去做的事务，如请钟点工做家务。这些都是生活方式不同引发的不同消费与服务方式。

（6）地域特色。新媒体文案写作者要了解受众人群集中于哪些地域，并根据转化效果好的地域特点创作文案。例如，很多美食具有地域特点，在创作对应的文案时，需要根据消费者的地域特点来描述和解释，这样才能获得当地消费者的好感和喜爱。

（三）文案的竞争对手分析

《孙子兵法·谋攻篇》中有言："知彼知己者，百战不殆。"对竞争对手的了解和分析能够让新媒体文案写作者更清楚如何创作。

1. 基础分析方式：SWOT分析法

SWOT（strengths，优势；weaknesses，劣势；opportunities，机会；threats，威胁）分析即基于内外部竞争环境和竞争条件下的态势分析。利用该分析法有助于新媒体文案写作者快速找到优势，且避开弱势。

对于整个企业品牌来说，SWOT分析法大致包含以下分析范围（对单个产品也同样适用，但其中的分析维度会小一些）。

（1）优势：主要分析企业最擅长的地方和优势，如在成本、产品、营销、渠道上的优势；有哪些是本企业能做而竞争对手做不到的。

（2）劣势：主要分析企业最不擅长的地方和缺陷，以及哪些是竞争对手做得好而自己做得不好的地方；或者分析顾客离开本企业的原因、最近的失败案例及原因。

（3）机会：分析外部的产品、渠道、营销等方面存在哪些机会；公司内部的短、中、长期规划目标的机会点在哪里。

（4）威胁：分析客观的经济环境、行业发展、政策等方面是否会不利于企业的发展；最近的威胁在哪里，是否有机会规避。

SWOT分析模型见表3-3。

表3-3 SWOT分析模型

外部分析	内部分析	
	优势S （列出优势） 1. 2. 3.	劣势W （列出劣势） 1. 2. 3.
机会O （列出机会） 1. 2. 3.	SO战略 （发挥优势，利用机会） 1. 2. 3.	WO战略 （克服劣势，利用机会） 1. 2. 3.
威胁T （列出威胁） 1. 2. 3.	ST战略 （利用优势，回避威胁） 1. 2. 3.	WT战略 （减少劣势，回避威胁） 1. 2. 3.

2. 进阶分析方式：核心竞争因素分析法

核心竞争因素分析法对于产品类型相同和产品类型不同的竞争对手都适用。产品类型相同的竞争对手是指竞争对手处于相同行业，具有相同的基本特征，针对的用户群体也基本相同。产品类型不同的竞争对手是指竞争对手处于相同或不同的行业，具有能够生产满足同一消费欲望的不同产品的可替代性商品，针对的用户群体也基本相同。这种情况下，新媒体文案工作者可以利用核心竞争因素进行对比分析。

核心竞争因素指将自身的各项价值一一列出并与竞争对手对比，找到其中的差异点。将核心竞争因素进行对比分析能够充分判断和理解竞争对手是谁、竞争对手在做什么、如何与相同的竞争对手进行差异化分析，从而使产品或品牌变得与竞争对手的产品或品牌完全不同。同时，将主要的购买因素价值点一一列出，找到本产品所属类型的优点，强调本类型产品的优势，并在文案中表现出来。例如，沃尔沃汽车在众多汽车品牌中脱颖而出，在市场上占据一席之地，其突出的特点就是"安全"，其各种营销宣传文案的内容都以安全性能展示为主，如图3-16所示。

（a）

（b）

图3-16 沃尔沃汽车核心竞争因素广告文案

（四）文案的产品属性分析

一个产品可能拥有多种属性，只有不断地进行差异化分析，新媒体文案工作者才知道应该突出产品的哪一种属性或特点。简单来讲，产品的属性有11种，如图3-17所示。

图3-17 产品属性分类

将以上11种产品属性分类划分为有形属性与无形属性，具体如下。

1. 有形属性

产品的有形属性是指产品所具有的基本特征，如外观、材质、工艺和功能等方面的特点。图3-18所示为某护肤品文案。该文案主要将产品的成分——矿物微量元素作为文案的重点，通过成分来展现该产品和其他同类产品的不同，可以让消费者更加信赖产品的质量，更加相信产品的价值。

图3-18 有形属性文案

2. 无形属性

产品的无形属性更多地体现在产品给人的感知和产品所营造的氛围上，如理念、概念、社交和情怀等。图3-19所示为某款饮料文案。该文案利用文字突出了该产品的社交属性，通过包装上的文字替用户说话，以表达用户心里的感情。

图3-19　无形属性文案

（五）文案的卖点挖掘与提炼

1. 卖点

卖点是指产品具备的与众不同的特质。这种特质虽然是与生俱来的，但新媒体文案人员需要发挥创造力将其表达得更加突出，以此吸引用户。如何让产品的卖点变成用户的买点，需要从以下两个方面出发。

（1）把握产品特点——认清卖点。产品所具有的能够吸引用户且易于销售的特性，即产品的卖点，是决定产品销量的关键因素。有些产品本身具有非常吸引人的卖点，但这些卖点并未被挖掘出来，以至于产品销量欠佳。

例如，毛豆新车网（我是谁），首付3000元起开新车（卖点：为什么选我）。再如，瓜子二手车直卖网（我是谁，卖什么的），没有中间商赚差价（卖点：选我的理由）。

（2）定位产品用户——认清买点。对于用户来说，产品的卖点就是用户的需求点和购买产品的理由。新媒体文案人员在进行文案写作时，还应从用户的需求出发，突出能让用户产生购买欲望的买点。

新媒体文案人员可以从用户对产品的售后评价、购买偏好等方面了解用户的喜好，针对用户需求，优化产品的卖点，使产品卖点和用户买点实现最大限度的匹配。如图3-20所示，该产品挖掘用户需求，将产品卖点定位为"洗护合一"。

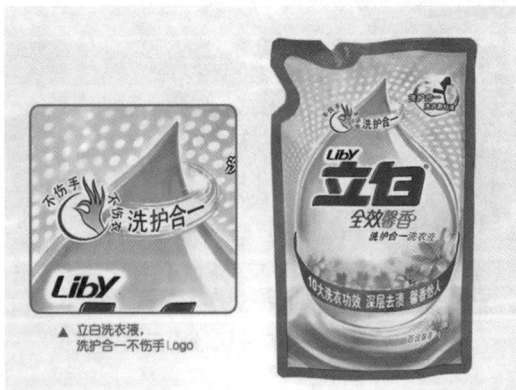

图3-20　卖点文案示例

2. 新卖点

新卖点是指某产品与同类产品的卖点所不同的特质。新卖点应是非常有竞争力的，包括三个特征：提法新颖、认知新颖及表达新颖。如图3-21所示的果汁机文案中，新卖点是"微分子破壁技术"。

图3-21 新卖点文案示例

3. 独家卖点

创作独家卖点可以从以下两个方面着手。

（1）独家软实力。软实力通常是指企业的品牌价值、品牌故事、团队、某种独家工艺或某种独家配方等。这些通常不能够被同行复制和模仿。因为这是通过该企业软实力中的部分内容创作而成的，并且是该企业独家拥有的，具有唯一性。从这些软实力中提炼的卖点，往往很容易成为独家卖点。

（2）独家垄断心智。心智垄断的卖点是指无法复制的、有一定行业门槛和竞争壁垒的卖点。这也是很多新媒体文案人员非常希望创作出来的一种卖点。一旦找到独家卖点，就会使品牌认知形成明显的关联心智，可以把一个产品打造成一个品牌。

如图3-22所示，这种电饭煲是一种能够做出"柴火饭"效果的电饭煲。此卖点一出，即成为消费者对该品牌电饭煲的唯一认知，直接让该品牌这款电饭煲成为当时全网的畅销产品。

图3-22 独家卖点文案示例

四、新媒体文案的创意思考及输出方法

(一)头脑风暴法

头脑风暴法是现代创造学奠基人亚历克斯·奥斯本提出的一种激发思维的方法,常用于举行小型研讨会。头脑风暴法思维导图如图3-23所示。

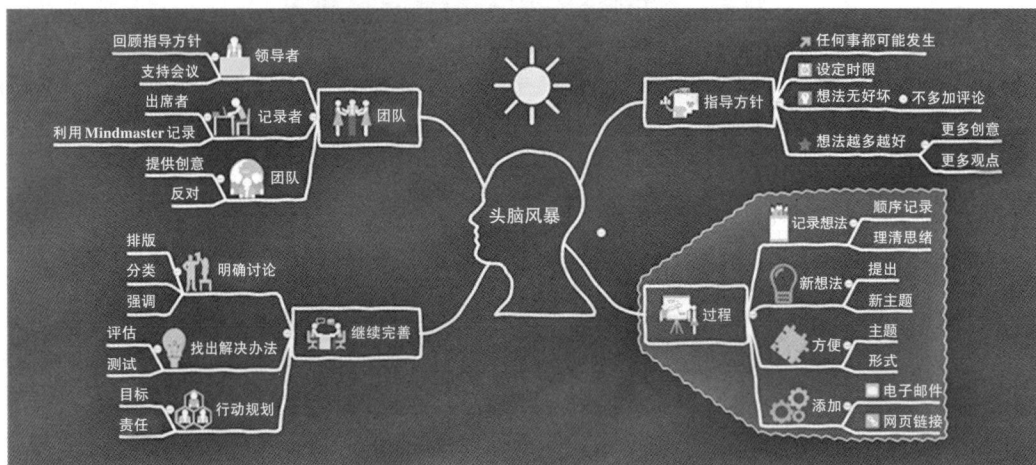

图3-23 头脑风暴法思维导图

头脑风暴法作为一种培养创造能力的集体训练法,在新媒体文案创意思考中发挥着十分重要的作用。这种方法鼓励人们打破常规思维,在自由的思考中产生无数灵感,进而让文案创意有更多可能。下面从五个方面介绍如何使用头脑风暴法。

1.确定文案关键词

在展开头脑风暴之前,应该先分析文案的主题,确认文案关键词,确保关键词的设想在主题范围内。

在图3-24所示的创意组合表格中,共有16种创意组合,新媒体文案人员可以参考类似的方法选择合适的主题。

方向/特点	特点A	特点B	特点C	特点D
方向1	A1	B1	C1	D1
方向2	A2	B2	C2	D2
方向3	A3	B3	C3	D3
方向4	A4	B4	C4	D4

图3-24 创意组合表格

2.选择文案风格

文案风格往往是多样化的,如有趣的、温馨的、有情怀的、文艺的、无厘头的、奢华的、平实的、高端的等。大多数时候,文案的风格取决于所要描述的产品类型与品牌定位。

3.加深主题思想

新媒体文案人员可采用"5W1H"法对文案进行思考。"5W1H"即"what""who""where""why""when""how",分别表示该事物是什么、使用的主体是谁、在哪里使用、为什么用户会选择使用它、什么时间点使用较多、使用效果如何。当新媒体文案人员思考完这些问题并给出答案后,即对这篇文案已经有了比较明确的想法和主题思考。

4.换位思考

新媒体文案人员在进行文案写作时可以进行换位思考,即在创作一篇文案时,将自己想象成用户,然后思考是否会理解、欣赏这样的文案,思考文案中还有哪些可以改进的地方。把自己当成用户来搭建使用场景,能够帮助用户更好地了解文案内容。例如,美的品牌新媒体文案"我可以回家吗",就是站在用户的角度,展示了上班族对过年回家的期盼和担忧,提出疑问"我可以回家吗",然后引出家的真谛是"放下负担的地方",之后展现新媒体文案的主题"美的春节,身心同回家",吸引用户产生共鸣,提升美的品牌的形象,提高用户对美的品牌的好感度。

5.确定文案可行性

在文案创作过程中,新媒体文案人员既可从微博热搜排行榜、百度热榜等途径获取关键词和灵感素材;也可以参考其他已完成的案例,从中寻找异同点,判断是哪些因素造成它们的成功或失败,并总结经验;又可以将时下热点与产品结合;还可以搜索同行业的优秀文案,参考或模仿其风格。

结合以上方法,完成文案初稿,并将该文案发给其他人,看其他人是否感受到了文案所要传达的主题,能否抓到产品的亮点与卖点,以此判断文案是否具有足够的吸引力。如果文案效果不好,再根据其他人的建议对文案进行修改,以进一步提升文案的可行性与成功率。

(二)九宫格思考法

九宫格思考法是培养创意的简单练习法,很多人使用这种方式构思文案。九宫格思考法的基础样式如图3-25所示。

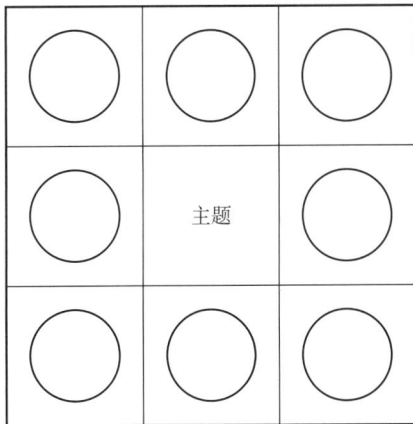

图3-25 九宫格思考法的基础样式

1. 九宫格思考法的操作步骤

首先，在白纸上画一个正方形，并将其分割成九宫格样式，再将主题写在正中间的格子内。

其次，将与主题相关的不同优点凝练后写在"主题"方格旁边的8个方格内。注意：尽量用直觉思考这些优点。

最后，反复思考、自我辨证，查看这些优点是否必要、明确，内容是否重合，据此进行修改，一直修改到满意为止。若想法很多或对某个点还可以进行延伸，则可以多填几个九宫格，再去粗取精即可。

2. 九宫格思考法的填写方法

（1）有顺序填写。以中央为起点，顺时针填写，将优点按照自己想到的顺序填写进去。这种填写方法在一定程度上可以体现出文案人员内心对产品不同卖点的重视程度。

（2）无顺序填写。即随意填写，想到什么就填写什么。这种方式有助于文案人员充分地发散思维，增加灵感。

3. 九宫格思考法的注意事项

在利用九宫格思考法构思文案时，应尽量填满九宫格，为了使九宫格内容通俗易懂，文案人员还应采用关键词对内容进行描述。

（1）优点取舍。在填写九宫格时，文案人员可以尽情发散思维，对每个优点进行细分或扩展，一步步完善文案内容。

（2）包装和强化优点。对于新媒体文案来说，很多时候不能直接把所有优点都表达出来，通常情况下，需要对这些优点进行多重包装和强化。

（3）因地制宜使用优点。利用九宫格归纳出优点后，文案人员需要针对用户的记忆点，因地制宜地使用这些优点。

例如，某品牌电脑椅有如下特点：

① 符合人体工学，能够贴合腰椎、保护臀部，保证久坐不累；

② 网布孔洞布局科学，并融合竹炭颗粒，使其柔软舒适透气，保持干爽；

③ 靠背内部采用乳胶材料，提高了透气性；

④ 靠背外部可以选择使用波浪交织网布或斑马条纹网布，能够满足用户的不同需求；

⑤ 靠背设计采用仿生工程技术，贴合人体脊椎，可长时间让脊椎得到休息，减少久坐对脊椎的伤害；

⑥ 坐垫弹簧回弹力强，使用时间长；

⑦ 头枕采用升降技术，能够根据实际情况调节高度，适应不同的使用者；

⑧ 能够后仰调节、升降调节，可巧妙应对不同的使用环境；

⑨ 座椅滑轮使用软质PVC材质，滑动灵活，结实耐用，能降低对地板的伤害，减少噪声。

结合该产品的信息，文案人员可根据需要对资料进行整合，得出如图3-26所示的九宫格图。

贴腰护臀 久坐不累	科学布局 柔软舒适	透气 舒缓疲劳
波浪交织 斑马条纹	电脑椅	贴合脊椎 减少伤害
回弹力强 使用时间长	升降调节 后仰调节	灵活耐用 降伤减噪

图3-26　某品牌电脑椅创意九宫格

九宫格思考法能帮助文案人员厘清产品卖点与文案脉络，当文案人员将这些卖点一一分析后，再与市场上的其他文案进行对比，就能写出一篇优秀的新媒体文案。

（三）元素组合法

以前，铅笔是没有橡皮头的，但是当美国画家李普曼用铁皮将橡皮和铅笔连接到一起后，这样一个小创意就给他带来了RABAR铅笔公司的50万美元专利费，而后千万人受惠于此。新产品的诞生往往来源于不同元素之间的巧妙组合，如"午睡+枕头"就有了趴趴枕，"试色+线上"就有了AR化妆。因此，在创作新媒体文案时，文案人员也可以将不同元素组合起来，创作出具有创意性的文案。如图3-27所示，在麦当劳的夜间营业文案中将"月亮"与"汉堡"结合，创意无限。

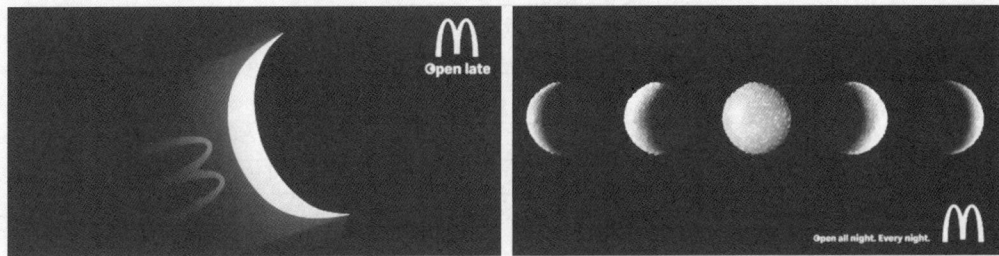

图3-27　麦当劳的元素组合文案

元素的组合不是简单地相加，而是在原有基础上的一种创造。能够产生创意的元素包罗万象，可以是实际的，也可以是抽象的；可以是现实存在的，也可以是虚构想象的。电视可以论斤出售、冰激凌可以油炸、外墙涂料可以饮用等，不一而足，都是一些超越常人思维习惯与方向的元素组合。

（四）金字塔结构法

金字塔结构法是指对思维进行梳理，将自己的多个想法按照从上至下或从下至上的关系排列出来，形成由同一思想统领的递进式结构，如图3-28所示。在这种结构中，既包含主题与子主题之间的纵向关系，也包含子主题与子主题之间的横向关系，能够帮助文案人员快速明白并找准文案的主题和中心论点，让文案逻辑清楚、条理明晰。

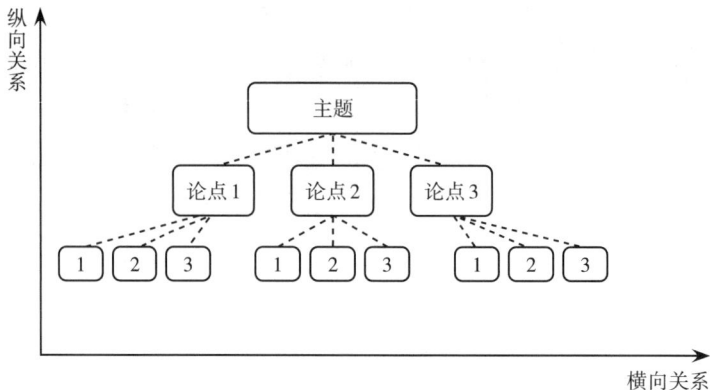

图3-28 金字塔结构图

运用金字塔结构法创作的新媒体文案一般都具有独特的主题，且都围绕该主题展开。针对该主题设论点，论点下又有论据，进行层层解析，使观点有理有据、牢不可破。金字塔原理结构图能梳理文案的主题和卖点，并根据梳理出的各论点，再列出支撑各论点的论据，使其结构明朗清晰。

例如，使用金字塔结构法为一部电影创作推广文案。该电影以"温暖"作为主题，那么其论点就可以选择"电影故事情节""电影色调""电影角色"三个不同方面的内容。再分别根据论点列出论据，如"电影角色"这个论点，就可以选择某位角色的某个情节作为论据，并进行展开。在这样的结构中，要求论点之间的内容不能重复，论据之间的关系各自独立。图3-29是题为"'温暖'主题电影"文案的金字塔结构。

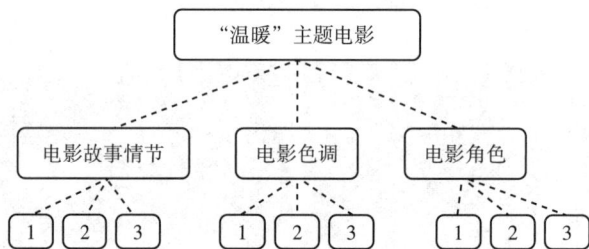

图3-29 金字塔结构法示例

扩展探索 >>>

1. 针对零食品牌"三只松鼠"，进行文案的受众人群分析。
2. 根据本任务学习内容分析任意品牌胃药的卖点。
3. 运用本任务所学的创意方法为某糖果公司写三个元旦的主题文案。

任务三　新媒体文案写作技巧

一、任务需求分析

随着新媒体的发展，受众（网民）有了主动选择的权利。面对手机App推送的新闻、微信朋友圈文章、论坛帖子等来自不同渠道的信息，网民可以自由选择，只看自己感兴趣的内容，接收活动已经从被动转为主动。因此，与传统广告文案不同，企业的营销目的无论是提升品牌知名度还是实现销售目标，新媒体文案都必须围绕互联网用户进行设计。下面在分析新媒体文案写作与传统新闻写作异同的基础上，从新媒体文案的标题、架构、开头、结尾四大模块入手，帮助学习者掌握新媒体文案写作技巧。

二、新媒体文案写作与传统新闻写作的异同

（一）在架构上趋同

1.“黄金三秒”和“倒金字塔结构”

在新媒体平台中，很多人都知道要在前三秒留住用户，不然就要被“划”走了，而这好像和传统新闻写作"不搭边"。传统新闻写作技巧有多种结构方法，如倒金字塔结构、时间序列结构、悬念结构和并列结构等。其中，倒金字塔结构完全打破了记叙事件的常规，它要求把最重要、最新鲜或最精彩的新闻事实放在消息的开端，它的导语一般采用"部分要素导语"，即在新闻导语中只突出一两个新闻要素，突出最吸引人的那部分内容，如图3-30所示。这不就是"黄金三秒"的精髓吗？在最开始抓住受众眼球，需要把"金字塔的底端"再进一步提炼和压缩。大多数旅游指南都是按照时间顺序排列的。悬念结构实际上是倒金字塔结构和时间序列结构的结合，巧妙地点出最好或最重要的新闻事实，以保持观众的胃口。因此，所谓新媒体文案中难以琢磨的写作手法，仅从架构来看在传统新闻写作教程里都有迹可循。

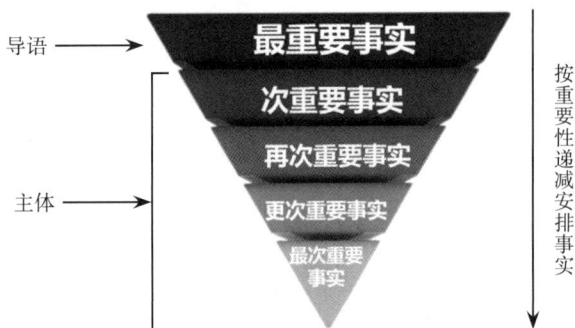

图3-30 传统新闻写作的"倒金字塔结构"

2.“画龙点睛”和“别开生面法”

众所周知，新媒体文案的结尾和开头一样重要，如果开头是留住用户，那么结尾就是"获粉"最重要的一笔。如何让用户对文案赞不绝口，然后点赞和持续关注？结尾的画龙点睛就是神来之笔，而这在传统新闻写作中也有相同之处。在传统新闻写作中，常用的结尾方法有自然结尾方法、弥补错误方法、发现错误意义方法、留下新印象方法等。新媒体文案人员应不断尝试使用新的结尾方式，不要坚持一种风格。

（二）要素缺失

传统新闻写作的"六要素"即时间、地点、人物、事件、原因和结果，在新媒体平台上，这些已经成为"非必要"。首先，一条文案如果要交代这么多的信息量，会造成

文本过长，这在新媒体"黄金前三秒"的传播特性下，不容易吸引住用户。同时，基于大数据的检索和审查，很多信息无法核实，如人物身份无法核实真伪，所以有时难免因"误伤"而限流。还有一个更重要的原因是，可以把这些信息"引流"到评论区讨论，增强评论度，从而可以更好地把内容引到下一个"流量池"。

（三）在特写上再放大

新闻特写侧重于再现生活的画面，放大新闻事实各要素中有意义、有情趣、有影响的一两个要素或片段，向受众说明事情是如何发生的、当时的情景怎么样。因此，特写比一般的新闻通讯写得集中、细腻、生动，要绘声绘色，更具感染力。而在新媒体文案中可以发现，其实最好的文案就是一个点的再放大，它不需要面面俱到，不需要缜密的逻辑架构，它需要做的是用一个足够吸引眼球的点去吸引用户，然后做好这个点的横切面。在具体的实操过程中，一个点的放大永远都会比三个点的"立论"获得更大的流量。

（四）语言的个性化表达

准确性是新闻语言的核心。在新闻语言中，首先要注意词义的差异，其次要考虑词语的情感色彩，最后要注意使用"正确的词语"。而在自媒体时代，人人都是信息的传播者，所以它的语言更像"一家之言"。"一家之言"必然是更具个性化的表达才更容易获得流量的青睐，这就是所谓"私域流量"。在垂直细分领域，编者理解的个性化表达有以下三种。

（1）角度的选择。对同一主题你的看法或观点的独到之处。

（2）信息的密集化。大批量信息的罗列密集输出，能够在第一时间吸引用户的眼球，这也是在上文中谈的除开头、结尾的架构之外，中腰部也是很重要的组成。这些精彩而密集的信息没有概括、议论，而是不断输出信息点。

（3）设置争议点。这与传统新闻写作里的"准确"背道而驰。为何有些看似逻辑严谨、无死角的文案反而得不到流量的推送？其中很重要的一点就是没什么好"吐槽"的。

（五）正能量就是最大的流量

很多短视频创作者认为，在网络上只有博人眼球的"奇形怪状"的作品才能获得流量的青睐，殊不知正能量才是最大的流量。2018年，"青蜂侠"根据地方武装部提供的线索和素材，首家深入报道了刚刚去世的守岛英雄王继才的故事，首次实现单平台播放上千万次。针对这个"意外"爆款，他们深入研讨，取得了在大时代背景下找选题、把正能量线索做成大流量爆款的共识，逐渐形成了青蜂侠"侠之大者、为国为民"的品牌性格。记者要善于挖掘正能量的典型，要相信在任何平台都需要饱含真情的故事，这就需要文案写作者适度调整写作技巧。

（六）创新话语体系

除了持续创新新闻短视频的选题范围、采制方法，还要创新表达方式，也可以理解为寻找"网感"。人们往往会认为"网感"就是那些网络流行语。其实不然，编者理解的"网感"是指能在海量的作品中找到特别的话语体系，让人喜欢看，喜欢听。新媒体文案写作者应该创新话语体系，把"跟随"改为"引导"。

综上所述，新媒体文案的写作技巧没有太多玄之又玄的"秘密"，传播的内核万变不离其宗。但传统媒体人进军新媒体主战场，要做的是内容输出，而不是"唱歌、耍宝"，获得一时的"博眼球"。在导向、措辞等方面要自我约束。比如，关于设置"争议点"，明明知道某些不严谨的论点会有流量，但媒体人必须恪守底线和公德，注意自身形象并传播正能量。

三、新媒体文案标题写作技巧

（一）新媒体文案的标题设计思路

新媒体浏览的主动权已经转移到了网民身上。普通网民每天面对大量信息推送，由于浏览时间有限，只能选择感兴趣的话题进行阅读，因此醒目的标题变得越来越重要。同样的文字，使用不同的标题会产生较大的差异。每篇新媒体文章，都需要重复设计和优化标题。

新媒体文章标题的起草可以从吸引力、引导力和表达力三个维度考虑。

1. 吸引力

在线阅读与购物类似。当你在商场购物时，你通常会去那些门面、橱窗展示吸引你的商店。在线阅读也是一样，用户不会阅读每篇文章，只会阅读自己感兴趣的文章。因此，文章标题需要吸引用户眼球，当文章标题出现在微博或微信订阅号上时，用户可被标题吸引及时查看内容。富有吸引力的文案标题如图3-31所示。

图3-31　富有吸引力的文案标题

2. 引导力

吸引眼球的标题可以引起用户的兴趣，但是在用户感兴趣之后，还要激发用户阅读全文的动力。事实上，一个好的标题不仅仅是为了吸引用户的注意力，也是为了引导网友点击标题，浏览全文。富有引导力的文案标题如图3-32所示。

图3-32　富有引导力的文案标题

3.表达力

大卫·奥格威曾说，80%的读者只读标题，而不是文本。事实上，新媒体文章标题也是如此。好的标题，即使读者不阅读全文，也能很快感受到作者想表达的信息。例如，通过"2016年最后一场线上分享，秋叶大叔在知乎Live等你"这一标题，可以得到以下四点信息：秋叶大叔要分享，分享形式是线上，分享平台是知乎Live，活动结束后今年不再分享。值得注意的是，新媒体文章标题呼应的内容，不宜过于"标题党"。通过断章取义、参与色情赌博、歪曲事实，甚至制造假新闻的方式吸引流量就是"标题党"行为，这会严重损害品牌效益，甚至触犯法律的红线。

（二）新媒体文案标题的拟定方法

1.数字化

数字化标题，即将正文的重要数据或本篇文章的思路架构整合到标题。数字化标题一方面可以利用吸引眼球的数据引起读者注意，另一方面可以有效提升阅读标题的效率。数字化标题举例如下：

（1）10个容易被忽略的Excel小技巧，超实用！

（2）如何读书，消化这5条就够了！

（3）4个微信小技巧，职场人一定要学好！

2.人物化

据相关统计，绝大多数用户会考虑购买熟人推荐的产品，其次是专业人士，最后是陌生人。换言之，如果身边没有熟人买过某产品或看过某文章，网友会出于对专业人士及名人的信赖，而相信他们的观点或推荐。因此，如果新媒体文案中涉及专业人士或名人的观点，那么可以将他们的姓名直接拟入标题。人物化标题举例如下：

（1）读书PPT：向杰克·韦尔奇学商业管理

（2）秋叶：如何从单杠青年到斜杠青年

（3）马云谈雾霾：希望我真是外星人　能逃回我的星球

3.历程化

真实的案例比虚构的案例更受欢迎。在标题中加入"历程""经验""复盘""我是怎样做到"等字眼，可以引起网友对于真实案例的兴趣。历程化标题举例如下：

（1）去年我还在山西挖煤，今年他们叫我动画小王子

（2）我如何把网络课程卖出1000万元

4. 体验化

体验化语言能够将读者迅速拉入内容营造的场景，便于后续的阅读与转化。每个人所处的环境不同，阅读文章的语气也不同。但是为了调动读者的情绪，需要为读者营造情感场景。因此，可以在标题中加入体验化语言，包括"激动""难受""兴奋""不爽"等情感类关键词，以及"我看过了""读了N遍""强烈推荐"等行为类关键词。体验化标题举例如下：

（1）一段小小的视频，上百万人都看哭了

（2）这一位很厉害的强迫症人士，我一定要推荐给你

5. 恐惧化

读者喜欢关注与自己相关的话题，尤其是那些可能触及自己兴趣的话题。如果正文内容关乎健康、财物等，那么可以尝试设计恐惧化标题，从而激发读者的猎奇心理，使他们产生危机感。恐惧化标题举例如下：

（1）一上班就没状态？这是病，得治

（2）如果你不在乎钙和维他命，请继续喝这种豆浆

6. 稀缺化

超市某商品挂出"即将售罄"的牌子后，通常会引来一波哄抢。"双11"电商平台销量逐年上涨，也是由于平台商家约定"当日价格全年最低"。对于稀缺的商品或内容，网友普遍容易更快做出决策，直接购买或点击浏览。因此，新媒体文案标题可以提示时间有限或数量紧缺，促使读者阅读正文。稀缺化标题举例如下：

（1）"和秋叶一起学PPT"课程马上涨价！全新升级！

（2）快领京东购书优惠券，明天过期

（3）这篇文章今晚删除，不看亏大了

7. 热点化

体育赛事、节假日、热播影视剧、热销书籍等，都会在一段时间内成为讨论热点，登上各大媒体平台热搜榜。若想将文章内容与热门话题链接，可以在标题中包含热门关键字，以增加点击次数。热点化标题举例如下：

（1）不想当职场"邱莹莹"，Excel这些快捷键必须会

（2）PPT版《后会无期》，各种戳，各种虐心

（3）里约奥运约不起，伊利喊你楼下小广场见

8. 神秘化

脑白金上市之初曾在媒体上投放《两颗生物"原子弹"》《人类可以"长生不老"？》等文章，引起关注健康的受众的兴趣，为日后品牌推广打下良好的概念基础。实际上，新媒体文案可以通过制造神秘感，吸引网友眼球。人类对于未知事物，通常有猎奇心理，即越是神秘，越想探一下究竟。神秘化标题的拟定有两种方式：第一，拟入"机密""内幕""奥秘""小秘密"等词语，字面表达神秘；第二，设计与品牌日常文案有反差的标题，语义传达神秘。神秘化标题举例如下：

（1）PPT模板的秘密，统一风格才是关键（字面表达神秘）

（2）阿文独家秘籍，如何快速玩转一个神器（字面表达神秘）

（3）我和H5谈了场恋爱，要一起吗（语义传达神秘）

9. 模拟化

手机、平板电脑等移动设备会收到消息推送，包括版本更新提示、红包提醒、聊天消息提示等。基于移动端的新媒体文案，可以在标题上仿照推送文字，博人眼球。

需要注意的是，模拟化标题不能高频使用。偶尔采用模拟化标题可以增加幽默成分，让受众会心一笑，但经常使用，会引起受众的反感，甚至影响品牌。模拟化标题举例如下：

（1）【有人@你】圣诞老人来送礼，就问你要不要

（2）【微信红包】恭喜发财，大吉大利领取周末门票吧

四、新媒体文案的正文架构

新媒体文案新手常会纠结于文采，认为自己没什么文采，写不好文章。但实际上，新媒体文案对于文采的要求并不高，因为文章是写给大众阅读的，把话说明白、网友能看懂即可。

如图3-33所示，文章阅读量超过10万次，点赞量超过1.3万次，但作者并没有吟诗作赋，也没有华丽的辞藻。这篇文章从四个方面回答了为什么要多读书。第一，读书让人学会思考；第二，读书让人心态平和；第三，读书开解人生烦恼；第四，将观点升华，读书终会予人回报，引起读者反思。

（a）　　　　　　　　　　（b）

图3-33　人民日报微信公众号阅读量超过10万的文章

实际上，新媒体文案重要的不是文采，而是思路。好的新媒体文案应具备清晰的段落架构，新媒体文案新手，可以尝试运用以下五种常见的段落架构。

（一）瀑布式

瀑布式架构分为瀑布式故事架构与瀑布式观点架构。

瀑布式故事架构即先点明故事核心要素，再按照顺序把故事的起因、经过、结果等环节分别讲明白。

瀑布式观点架构即先提出观点，指出某观点“是什么”，再分析“为什么”和“怎么办”，逐层推进，说明问题。

在瀑布式架构中，可以采用数字化、体验化或历程化标题，以突出观点。

瀑布式故事架构与瀑布式观点架构的叙述顺序见表3–4。

表3–4 瀑布式故事架构与瀑布式观点架构的叙述顺序

瀑布式故事架构	瀑布式观点架构
核心要素	核心观点
观点背景	故事阐述
故事起因	观点分析
详细经过	观点解决
故事结果	观点引申

【案例3–1】 瀑布式架构例文《学好PPT，还能给你带来什么?》（如图3–34所示）分析。

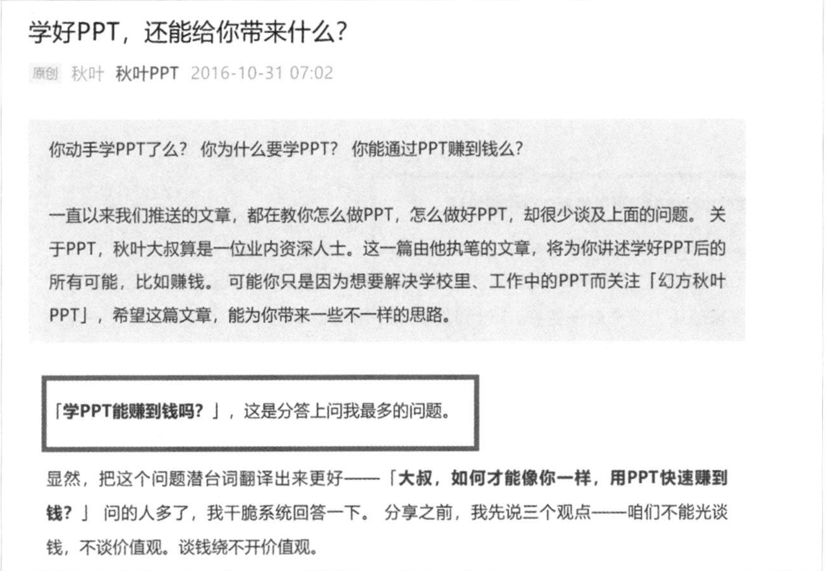
学好PPT，还能给你带来什么?

原创 秋叶 秋叶PPT 2016-10-31 07:02

你动手学PPT了么？你为什么要学PPT？你能通过PPT赚到钱么?

一直以来我们推送的文章，都在教你怎么做PPT，怎么做好PPT，却很少谈及上面的问题。关于PPT，秋叶大叔算是一位业内资深人士。这一篇由他执笔的文章，将为你讲述学好PPT后的所有可能，比如赚钱。可能你只是因为想要解决学校里、工作中的PPT而关注「幻方秋叶PPT」，希望这篇文章，能为你带来一些不一样的思路。

「**学PPT能赚到钱吗？**」，这是分答上问我最多的问题。

显然，把这个问题潜台词翻译出来更好——「**大叔，如何才能像你一样，用PPT快速赚到钱？**」问的人多了，我干脆系统回答一下。分享之前，我先说三个观点——咱们不能光谈钱，不谈价值观。谈钱绕不开价值观。

❶ 我似乎怎么也不能算有钱人。

把我在武汉全部身家都换成现金——我可以坦诚相告，我还是买不起在北上深一套地段不错的100平米的房。 按北师大房地产研究专家董潘教授的观点——"当你40岁时，没有4000万不要来见我，也别说是我学生"，你看我离见董教授遥遥无期。 虽然我在中国不算是有钱人，但我觉得我是一个享受了很多人给我爱的人，这一点，我比很多有钱人强。
所以先谢谢你们。 **❷ 我马上满41岁，已经工作18年了。**

> 看起来我靠PPT赚钱挺快的，好像也就是从2009年开始，只是一晃也已经过去了七年。更何况，我也不是突然冒出来的。 我大学时学的机械，后来在高校教制图，兼职做IT项目经理，还练培训，写过各种图书试图畅销，只是我当时没有名气，没人关心我在干什么。 和我一起毕业的人，混得比我好的有很多，只不过人家喜欢闷声赚大钱，我没有多大本事，只好拼命秀，赚个辛苦钱。

我们学习一样技能，可以分为两种用途。

一种叫职场能力，另外一种叫专业能力。

> 比如PPT，它在职场会在演讲、汇报、课件、海报、简介等业务环节用到，是每一个白领都应该掌握的基础办公能力，相信这你不会反对吧？ 如果PPT做得好，能很好地为你的职场形象或职业能力加分。 所以从这个角度而言，我们开发平价优质课程，提供教学辅导体系，教人学PPT，把PPT做好，更好地打造职场精英形象，是做了一件大好事。 但我们的培养目标并不是让你成为专业选手，靠PPT赚钱谋生。

这就好比很多教练教你打羽毛球，是锻炼身体，不是去拿羽毛球世界冠军，要拿世界冠军，训练的强度、方法和付出那是完全不同的。 假如要靠PPT赚钱谋生，你首先得明白，在PPT这个领域有哪些谋生手段。

> **现在有些小伙伴发现可以靠卖PPT模板赚钱。**

你们赶上好时代了，现在尊重原创知识产权的人越来越多，早十年，中国就没有人想卖模板，因为大家都认为这个应该免费。 说到卖模板，国内目前三个网站平台不错，一个是PPTstore，一个是演界网，一个是稻壳儿。 你拿着模板作品去申请原创作者，和网站签好分成协议，就可以去赚卖模板钱了。 不过我得提醒你三点，第一希望你的模板风格有人喜欢，第二希望你能在几百几千个作者中脱颖而出，第三你得指望你的模板不被人到处免费分享。 就算这些要求你都能满足，那么卖模板能赚多少钱呢？ 看看PPTstore网站上的前三名：

图3-34 瀑布式架构例文（有改动）

在图3-34所示文章中，作者先提出"学PPT能赚到钱吗？"这一问题，随后展开分析：第一步描述自己的背景；第二步谈为什么教别人做PPT；第三步聊如何利用PPT赚钱。全文围绕开头的观点，带着读者一步一步解析。

（二）水泵式

水泵式架构与瀑布式架构刚好相反，它是自下而上，先剖析观点或讲故事，再提炼出文案核心内容。与瀑布式架构类似，水泵式架构也分为故事、观点两大架构，二者叙述顺序见表3-5。

表3-5　水泵式故事架构与水泵式观点架构叙述顺序

水泵式故事架构	水泵式观点架构
故事背景	核心阐述
故事起因	故事分析
重点经过	观点解决
故事结果	观点引申
结果升华	观点提炼

【案例3-2】　水泵式架构例文《在三线小城市工作的第10年，我放弃100万的股权选择去深圳》（如图3-35所示）分析。

在三线小城市工作的第10年，我放弃100万的股权选择去深圳

十年前，我爹送我离开家乡。记得那一天的情景，我带着两箱书和一个背包，特像一个参军入伍的青年。

车次开动，我把头伸出火车的车窗，攥着拳头冲他喊：混不好，我不回来了。

然后呢？

然后并没有什么励志类的故事发生，我真的三年没有回家。我妈那几年每次被人问起，就说我参军去了。

97年入职第一份工作，每个月1500块钱，98年金融风暴，此后的三年，我们公司没有人涨过一毛钱工资。

我的人生第一个阶段是"为了生存"。

为了生存，我放弃了我想找的网管工作，我舅舅托关系给我找了一份程序员的工作。

那家伟大的公司里，有很多不是专业出身的优秀程序员，有数学老师，有英语翻译，有化学的，有物理的。他们觉得我是计算机专业的，应该没问题。

于是他们给了我三个月。

三个月能通过JSCP级别考试（JAVA程序员专业资格认证），就留下；通不过，就走人。

三年后，还是为了生存，我从程序员跑过去做 IT 培训，做应届毕业生的研发培训。

这是一个被程序员鄙视的职业，因为程序员更喜欢跟代码打交道，他们不喜欢说话。我也是。

我的前领导那时候是那家培训公司的领导，我们两个面试的时候围绕着《JAVA 编程思想》各自炫耀了一下读了多少遍。他给我涨了 50% 的薪水，然后我说我加入。

这个世界是公平的，不是说我们每个人都有平等的机会，而是说，我们总会得到自己配得上的机会。

因为越努力，你会越幸运。

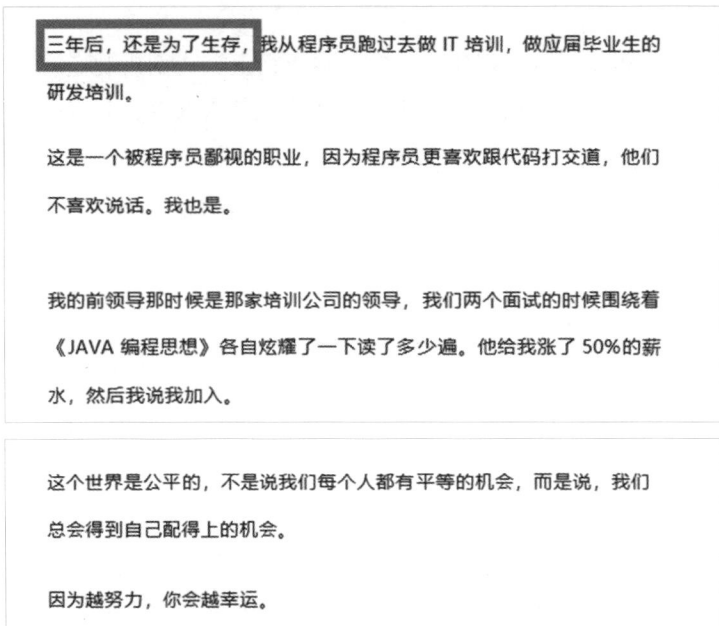

图 3-35　水泵式架构例文（有改动）

在图 3-35 所示文章中，作者按照时间顺序，讲述了自己离开家乡、成为程序员、当讲师、做斜杠青年的全过程。前面故事进行铺垫，在结尾处升华为"这个世界是公平的，我们总会得到自己配得上的机会"。

（三）沙漏式

沙漏式架构是指文章首尾呼应，开头提出核心观点，结尾再次强调或升华核心观点，如图 3-36 所示。沙漏式架构可以采用体验化或历程化标题，以突出观点。

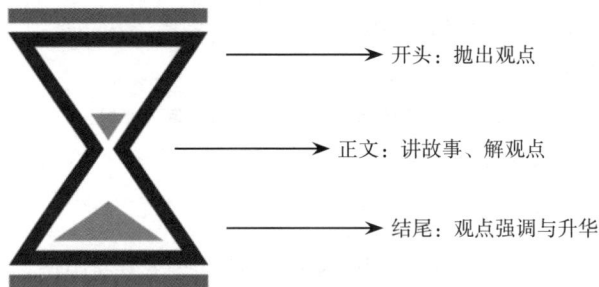

开头：抛出观点

正文：讲故事、解观点

结尾：观点强调与升华

图 3-36　沙漏式架构图

【案例 3-3】 沙漏式架构例文《连好友申请都写不好，难怪别人不加你好友！》（如图 3-37 所示）分析。

连好友申请都写不好，难怪别人不加你好友！

原创 老秦 秋叶PPT 2016-12-21 07:07

日常工作中，总免不了要跟别人沟通对接，「加个微信吧」已经成了我们首选的交流方式。

何况微信群里、线下活动，也总会有人来加微信。

但不得不说，大部分人在第一步「申请好友」的时候就已经出局。

原因起码有三个：没有诚意、没有介绍、没有价值

如何得体地写好友申请信息？这篇文章将会告诉你！

01
加好友，得有诚意和礼貌

不提其他，先举一个小例子：

你加别人好友时，有认真策划过「好友验证申请信息」吗？

很多人要么用默认生成的，要么啥都不写。可如果连你是谁、要做什么都不知道，别人怎么会通过呢？连几个字都懒得介绍，怎么能表现出诚意呢？

通过别人分享的名片或者二维码添加好友，默认会生成「我是XXX」这样的申请信息，会自动填写申请人的昵称，于是就经常看到下面的情况。

02
通过申请后，及时自我介绍

如果你们已经认识，好友申请通过后直接打招呼即可；如果对方对你完全陌生，即使通过了好友申请，还得有一个得体的自我介绍。

永远不要觉得自己跟别人有多熟，一定要有自我介绍！此规则不仅仅适用于微信，还适用于所有社交。

这就跟商务中与别人初次见面要发名片、握手一样，属于基本礼仪。

另外，这也是为了减少沟通障碍。因为好友通过后，正是对方在线且对你最好奇的时间点，可谓相互认识的最佳时间段。及时的自我介绍，可以方便对方进行备注，所以请一定要珍惜这黄金三分钟。

那这黄金三分钟应该如何对自己做介绍呢？有四个建议。

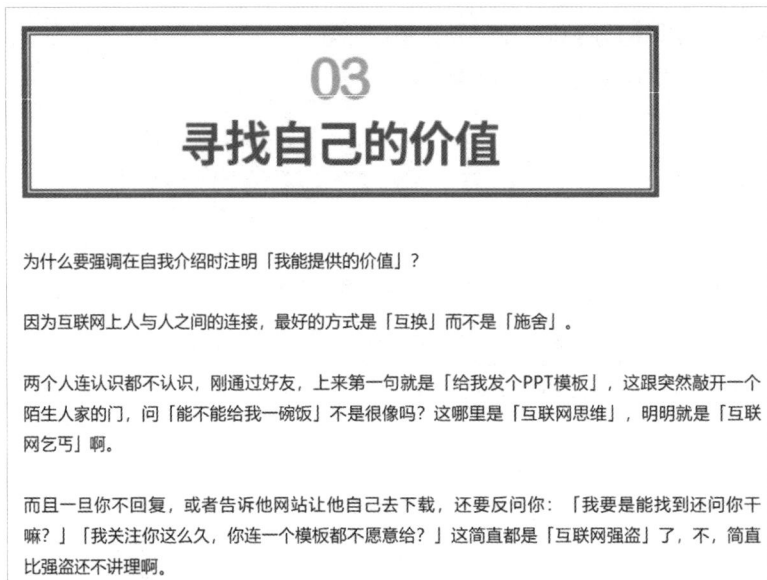

图3-37 沙漏式架构例文（有改动）

图3-37所示文章中，作者首先在开头抛出了"大部分人在加别人好友的第一步时就已经失败的原因是没有诚意、没有介绍、没有价值"的观点；然后在正文中分别从策划"好友验证申请信息"、及时自我介绍、寻找自己的价值三个角度分享微信加好友的有效方法；最后将观点升华，从微信加好友引申到工作细节与职业感。

（四）盘点式

盘点式架构大多是由作者拟定小标题（盘点对象）整合而成的，省去读者"找素材、做总结"的步骤，帮读者节省了时间。因此，盘点式文章是最受读者欢迎的写作架构之一。盘点式架构的叙述顺序如表3-6所列。

表3-6 盘点式架构的叙述顺序

开头
小标题1
内容
小标题2
内容
小标题3
内容
……
结尾

盘点式架构文章可以采用数字化标题，如《盘点8种新媒体活动工具》《2022年的10大网络热词》等。

（五）并列式

并列式架构是由三个及以上相互无联系的部分组成的，独立性强，可以从不同的角度对问题进行描述。

【案例3-4】 并列式架构例文《如何才能把一件事情做到极致？》（如图3-38所示）分析。

如何才能把一件事情做到极致？

原创 秋叶 秋叶大叔 2016-12-24 06:46

1

能做到极致的事情，不管多少，你至少能说出100个细节。

所谓专业，就是能在你专注的领域提出100个普通人想不到的问题。

比如说做PPT，不说别的，就说选模板，就有很多细节。

我随便列一些细节：

1、PPT模板由哪些部分组成？
2、PPT模板在哪里设置？（还可以细分不同软件，不同版本）
3、哪里有好的PPT模板可以学习？
4、有哪些不同的PPT模板风格？
5、不同的场合应该如何选PPT模板？
6、高清的PPT模板背景图哪里选？
…………
如果这样子列的话，单子可以开得很长很长。

专业，其实就在于对细节的精深把握。

2

专业主义，工匠精神，背后都是对细节的极致追求。

不是每个人都能拥有完美的大局观，但至少每个人都可以在自己擅长或喜欢的领域，谈谈你知道的细节。

我特意问了两个人。

一个是在广西做海产酱的小红红，我问她：**你做海产酱，里面有一道料是鱿鱼，请问你的海产酱是如何选鱿鱼的？**

小红红说：

我们北海北部湾海域有着丰富的海产资源，其中鱿鱼、虾、干贝、红鱼都是北部湾海域比较常见并且品质上乘的海鲜。而我做酱始终秉承"好食材，轻烹调"原则，也就是食材足够好，不需要过度用烹饪技巧都能做出美味佳肴。

所以，我做鱿鱼酱，一定是要选北海范围内北部湾海域的鱿鱼干。北海鱿鱼干不管从外观、成色、风味、口感来说都有其他地方不可比的优势。

在北部湾深深海海域，渔民拉网捕捞上来的鱿鱼，立刻进行剖腹、清洗、吊晒处理。吊晒的好处是不用翻来翻去破坏鱿鱼须的完整度，比较容易干，天气好2天即可晒干，色泽比较金黄，干净透亮。因为深海盐分足，不需要添加任何东西，直接晒制，有种很天然的阳光味道，吃后鲜香甘醇，回味无穷。北海人吃鱿鱼干是用碳火烤或酒精烧，木棒捶打后手撕着吃，很有嚼劲。

我做鱿鱼酱，先将鱿鱼干泡半小时，晾干后放烤箱烤香，撕成丝，加到准备好的不二酱基础辣酱里，继续慢火炒制，使其味道均匀。我个人相信渔家亲戚不会添加任何东西晒制鱿鱼，但是现在做的酱不是自己吃，要对用户负责。

所以每一批鱿鱼干都会拿到质检单位检测菌群数量、甲醛、二氧化硫，杜绝有用到漂白剂或者熏硫等情况的出现。

坦白说，我个人的厨艺水平跟专业大厨比有很大差距。但是我会坚持按照自己的理解、个性去开发这些天然食材，做出有自己烙印的能够传承下去的酱。

看了这段话，你相信小红红能做出好吃的不二鱿鱼酱吗？

我是信的，这是我长大后第二种吃了还想再吃的酱，"小红红的不二酱"，第一种是老干妈。

今天不是替她打广告，因为她的酱目前根本买不到，产能不大，送朋友都不够用。

我只想告诉很多人，选择什么方向做IP？做网红？这些根本都不是问题，问题是你是否能选一个方向，让自己也能提出100个专业的问题？

靠专业未必能发财，但总能在这个世界上活得心安。

3

把生活中每一件小事都做到极致，都大有学问。

我问的另一个人是在上海做私房菜的沈小怡，我问她：小怡，你煮美食，会用到豆腐，请问选豆腐有哪些要注意的细节？请告诉我六个，好吗？

小怡很快给我写了回复，她说：

1.看颜色。
优质豆腐呈均匀的乳白色或淡黄色，稍有光泽。次质豆腐色泽变深直至呈浅红色，无光泽。劣质豆腐呈深灰色、深黄色或者红褐色。

2.摸表面。
优质豆腐块形完整，软硬适度，富有一定的弹性，质地细嫩，结构均匀，无杂质。次质豆腐块形基本完整，切面处可见比较粗糙，质地不细嫩，弹性差，有黄色液体渗出，表面发黏，用水冲后即不黏手了。劣质豆腐块形不完整，组织结构粗糙而松散，触之易碎，无弹性，有杂质，表面发黏，用水洗冲后仍然黏手。

3. 闻气味。

优质豆腐具有豆腐特有的香味。次质豆腐香气平淡。劣质豆腐有豆腥味、馊味等不良气味或其他外来气味。

4. 嚼味道。

优质豆腐口感细腻鲜嫩，味道纯正、清香。次质豆腐口感粗糙，滋味平淡。劣质豆腐有酸味、苦味、涩味及其他不良滋味。

5. 豆腐本身是高蛋白质的食品，很容易腐败，最好到有良好冷藏设备的场所选购。当盒装豆腐的包装有凸起，里面豆腐则混浊、水泡多且大，便属于不良品，千万不可选购。

6. 传统板豆腐很容易腐坏，买回家后，应立刻浸泡于水中，并放入冰箱冷藏，烹调前再取出。取出后不要超过4小时，以保持新鲜，而且最好在购买当天食用完毕。

你看这样的小问题，专业的人都能说出一二三，反而是夸夸其谈的人，总是在指点江山。

所以沈小怡的私房菜，做得越来越好。

这个世界其实还是蛮公平的。

图3-38 并列式架构例文（有改动）

在图3-38所示文章中，作者的核心观点是你能做到极致的事情，至少能说出其100个细节；然后围绕此观点，分别从做PPT、做鱿鱼酱和选豆腐三个角度进行阐述。这三个角度相互独立，但都为核心观点服务。

五、新媒体文案的开头设计

在进行新媒体创作时，常常会出现辛辛苦苦写了几千字的文章，花费大量时间打磨文字和结构，但是将文章发在平台上后，阅读量却是个位数，点赞更是零收尾的情况。而这背后的主要原因是开头不够优质，没有办法吸引读者点击。如果读者刚看完开头就破坏了整体阅读感，那么即使后面的内容再精彩，也可能不会继续阅读。所以才会出现明明文章优质，但阅读量极低的情况。

新媒体文案开头具有点题及引出下文的作用。一方面，开头要与标题相呼应，否则会给读者"文不对题"的印象；另一方面，开头需要引导读者阅读后文。好的开头是成功的一半。

开头通常需要具有激发好奇心、引入场景两个特点。激发好奇心即利用图片、文字等内容刺激读者的好奇心，使读者继续阅读。当读者点击标题进入文章后，如果开头索然无味，那么读者可能会直接关闭页面。所以，开头写不好，会浪费精心设计的标题和后文的精彩内容。不同的文案有不同的场景设计，因此需要在开头就把读者引入场景。通过提示、提问等方式，让读者了解文案要表达的情感、环境、背景。

新媒体文案的开头有以下五种设计方式。

（一）故事引入

从读者的角度来看，阅读故事是压力最小的阅读。故事型开头，直接把与正文内容最相关的要素融入故事，让读者有兴趣读下去。故事天然具有吸引力，人类的大脑从几万年前就适应了讲故事的方式。故事可以让沟通关系由"对抗"转化为"对话"。在实际创作时需注意，故事要言简意赅，不能啰嗦，要有轻重主次之分。如果要用自己朋友的故事，或者在朋友圈里、知乎等平台上看到的故事，应征求当事人的意见，切勿牵涉对方隐私。

【案例3-5】 以《〈局外人〉：人最大的恶意，是以自己偏见度人》（如图3-39所示）为例进行分析。

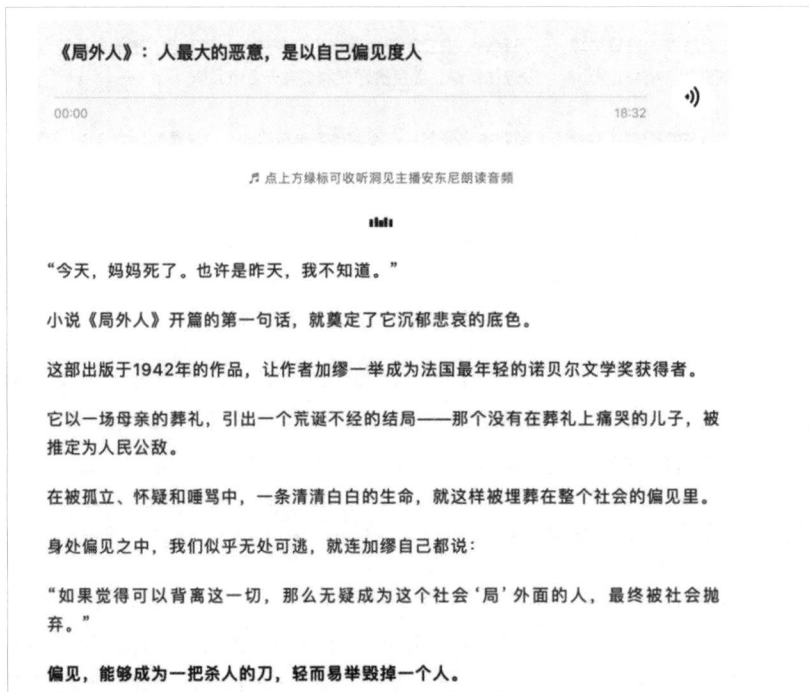

図3-39 故事引入开头（有改动）

这篇文章的开头运用讲故事的方式，给人留下思考和悬念，并引出作者的观点，让开头显得特别有分量。

（二）图片引入

正文以一张图片开始，可以吸引读者眼球，并增加文案的表现力。使用一张好的图片，可以极大地增加读者目光停留时间，提升读者的阅读欲望。图片的存在给了文案更好的表现形式。

（三）热点引入

热点引入是指在文章开头介绍热点，从热点和作者的观点开始，引出下文内容。热点会带来流量，能够吸引读者的阅读兴趣。需要注意的是，对于热点的介绍一定要简明扼要，这样能够在短时间内吸引读者。另外，引用新闻事件时，不要直接引用媒体的报道，要用自己的语言叙述。

【案例3-6】 以《尔滨，有人爱你的光环，有人懂你的深沉》（如图3-40所示） 为例进行分析。

尔滨，有人爱你的光环，有人懂你的深沉

哈尔滨，是一种永远不会缺席的雪。

理解哈尔滨，雪是开门的钥匙。那么雪，对于哈尔滨意味着什么呢？

曾看到过一种很浪漫的说法，"东北人的血里该有一半是这纷纷扬扬的雪"。小时在雪里打滚的人，后来在雪里白了头。雪把人下老了，人却眼见着雪越下越新，雪，已然就是生活的一部分，生于雪，长于雪，最后在时间长河里输给雪，那也是一种幸福。

因为一个人的记忆，永远有一方雪白守护着，而年复一年，都有一场覆盖一切烦恼的新雪，可以翘首企盼着。

图3-40 热点引入开头

这篇文章的开头运用了热点引入的方式，即引用了当时全国都在热议的哈尔滨冬季旅游业爆火的话题。

（四）场景引入

场景引入即通过场景描述、设置悬念，引发读者的好奇心。用场景引入的方式写文章时，需要采用四个要素，即叙述、描写、背景和引用。这四个要素交错出现，会让文章层次分明，显得很立体。场景引入的方式其实也是一种描写的方式，细细体会，会觉得像小说或散文的表现方式，虽然没有那么详细，却能营造出一种独特的氛围。

【案例3-7】 以《林清玄：好的教育不是教孩子争第一，而是唤醒其内心的种子》（如图3-41所示）为例进行分析。

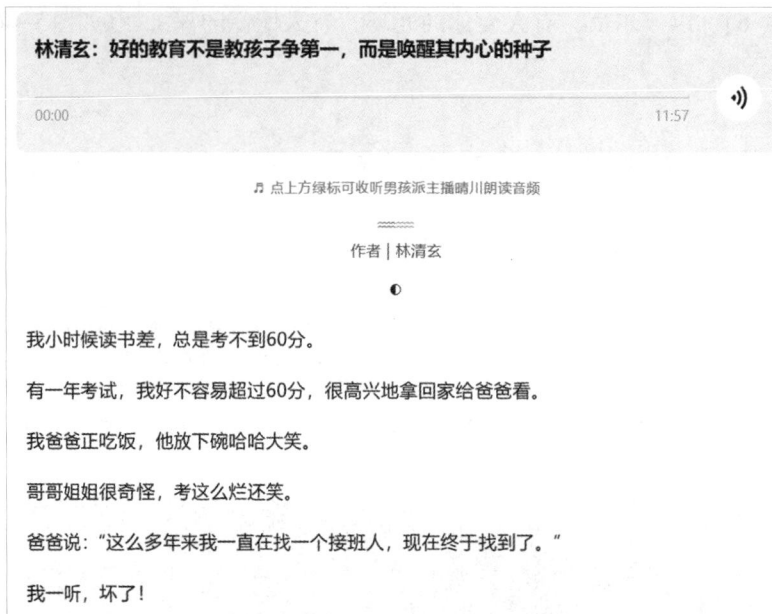

图 3-41　场景引入开头（有改动）

　　这篇文章的开头通过考试后孩子与爸爸对话的场景，引出本文观点——好的教育不是教孩子争第一，而是唤醒其内心的种子。

　　（五）开门见山

　　开门见山即直截了当，一开始就直接表明这篇文章的重点，直奔主题。大多数意见书的开头都是这样写的。

　　【案例 3-8】　以《真有大格局的人：遇事不怨天，受挫不责人，知错不回避》（如图 3-42 所示）为例进行分析。

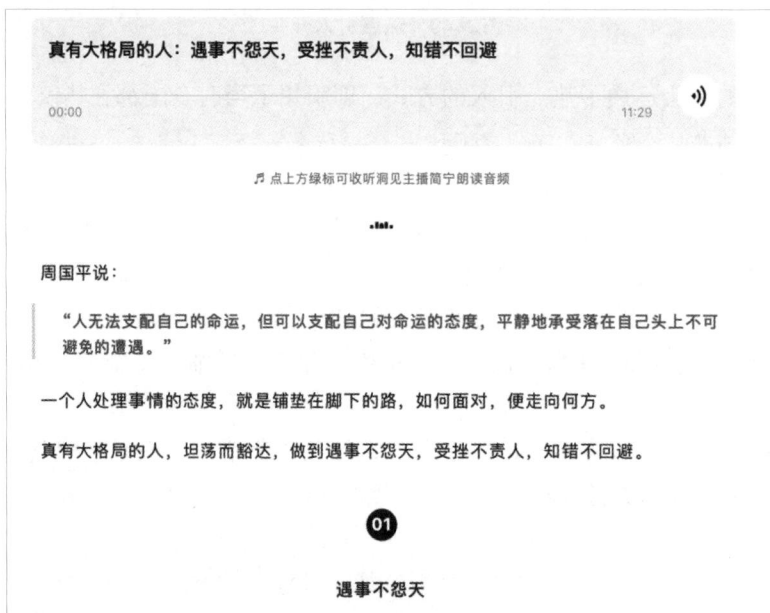

图 3-42　开门见山开头

这篇文章的开头引用周国平的话，"人无法支配自己的命运，但可以支配自己对命运的态度，平静地承受落在自己头上不可避免的遭遇"，直接引出本文观点，干脆利落，不拖泥带水。

六、新媒体文案结尾写作技巧

如果一个好的开头是一篇文章成功的一半，那么一个好的结尾就是一篇文章成功的另一半。标题、导语、开头是一篇文章的关键，但是经常到结尾就没力了，结尾没起到什么作用。然而，如果结尾写得好，也会得到更多的点赞和评论。

家居用品企业宜家最畅销的产品是什么？是床、沙发、枕头、玩具吗？这些都不是，而是商场出口1元钱的冰激凌。2015年，宜家仅在中国就售出了1200万支冰激凌。尽管如此，宜家卖1元钱的冰激凌并不是为了盈利，而是为了提高顾客体验感。另外，宜家还有一个"小心机"——商场出口的零食和甜品区，这也是提高宜家顾客体验感的关键。

这背后有一个很实用的理论依据——峰终定律（peak-end rule）。这条定律的意思是，顾客能记住的只是在"峰"和"终"的体验，它在很大程度上决定了顾客对购物体验的回忆，以及下一次是否会继续光顾。如果"峰"和"终"的体验感好，那么顾客更能记住产品，回购率更高。物品的使用也有类似的效果。

对于宜家来说，顾客的体验感很关键，这决定了回购率；对于一篇文章来说，留言和点赞很关键，这决定了是否留得住读者。但对于不同的文章来说，好结尾的定义是不同的。对于一篇软文来说，好的结尾能提高购买转化率；对于一篇情感文来说，好的结尾能触动读者，引导读者留言；对于一篇干货文来说，好的结尾能加深读者印象，带给读者更多的知识。

在分析了各类结尾后，总结了六种"黄金结尾"，具体如下。

（一）总结型结尾

总结型结尾的目的是加深读者的印象，使读者吸收更多的内容。对于情感类或启发类的文章来说，一个总结型的结尾相当于带读者回顾了一遍故事，能让读者更清晰文章的核心观点。

【案例3-9】 以《你内心的冲突，先消耗你，再逼疯你》（如图3-43所示）为例进行分析。

> 童年的痛，弱小的我们通常无法承受，必须扭曲，以保存自己，而这种保存自己的过程，就是神经症形成的过程。
>
> 其实，**神经症真正展现的那一时刻，我们已经长大，那些扭曲的痛，会以不可思议的形式展现出来。**
>
> 所以在我看来，苦难的童年是在为"神经症"播种。
>
> 各种内心冲突的爆发，其实也是在给我们发出这样一个信号：你已经成年，你拥有力量了，面对童年的伤痛，你不必再逃。
>
> 霍妮这本力作**《我们内心的冲突》**，透彻地解读了人类的基本冲突，可以帮助我们从内在的交战中突围。

在我心目中，好的心理学图书，应该能让所有认真读的人都能基本读懂，霍妮的书，就是这样的。

*以上节选自《我们内心的冲突》导读，武志红。

图3-43　总结型结尾

这篇文章的结尾部分，前半部分在总结全文，从观点到事实论证；后半部分在呼吁行动，旨在给读者启发。写文案用到总结型结尾时，通常是先用三段式总结，即观点、一句话的事件总结、揭开最后观点（所以在我看来，苦难的童年是在为"神经症"播种）；再用"其实"或"所以"引出想要呼吁的行动。

（二）关联读者型结尾

关联读者型结尾主要是关联读者的职业、环境、生活，让读者在文章中看到生活中的自己，并引发思考（如让读者思考他们能从这篇文章中得到什么价值，以及他们如何才能改善自己的生活）。这种结尾意味深长，既贴近读者生活，又能引发读者更多的思考。

【案例3-10】　以《为"钱"工作不可耻，但是可疑……》（如图3-44所示）为例进行分析。

职场亦是如此。一个良好的公司管理机制，往往都会把人才分门别类，即把真正的人才分为管理岗与技术岗，为的就是"用对人、做对事"。

所以，当你的工作失去了意义时，不如冷静地问自己：目前的工作，到底是否符合你的"基因"。

如果不是，我想你或许可以回忆下，从过往的经历中，有哪件事能够让你集中精力、忘却时间、忽略外在的声音，并时不时体会到莫大的成就感。

毕竟，能决定你职业价值的不全是钱，还有努力的意义。

图3-44　关联读者型结尾（一）（有改动）

这篇文章可以用"……亦是如此"句式结尾，从文章提及的领域关联到读者的环境。

【案例3-11】　以《一个女人可以拥有的最好的生活》（如图3-45所示）为例进行分析。

兴趣分很多种，弹琴唱歌画画下厨都是，它们没有高低之分。

只要生活中你感兴趣的人和事，哪怕再小的事，都可以发展成自己的爱好。只要你投身于自己真正喜爱的事物，会拥有一种专注与成就感，足以润色生活的单调与琐碎。

孙俪喜欢画画，书法，徐静蕾写作、做手工品，都是她们独立的兴趣，让她们活得更洒脱。黄磊喜欢下厨，照样靠着厨艺翻红了一把；日本主妇山下英子喜欢整理，靠着家居理念照样出了书《断舍离》。

每个人，即使再普通，通过自己的努力，内外兼修，也可以达到一种美好的状态。

图3-45　关联读者型结尾（二）（有改动）

这篇文章的结尾用"你"来增强读者的沉浸感，让读者看到文章对自己的价值。不断强调"你""每个人""自己"等，会增强读者的代入感，容易引起读者的共鸣。这些词语在创作结尾时，可以适当多使用。

（三）引用型结尾

在文案撰写的过程中运用引用型结尾，既省时，又能引发读者思考。

【案例3-12】 以《未来十年，我们所认为的能力将荡然无存》（如图3-46所示）为例进行分析。

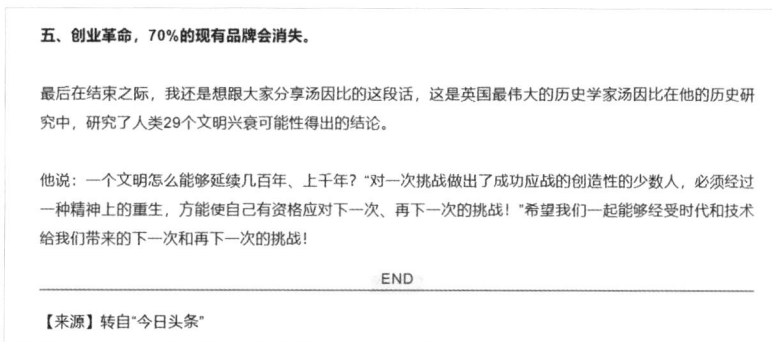

五、创业革命，70%的现有品牌会消失。

最后在结束之际，我还是想跟大家分享汤因比的这段话，这是英国最伟大的历史学家汤因比在他的历史研究中，研究了人类29个文明兴衰可能性得出的结论。

他说：一个文明怎么能够延续几百年、上千年？"对一次挑战做出了成功应战的创造性的少数人，必须经过一种精神上的重生，方能使自己有资格应对下一次、再下一次的挑战！"希望我们一起能够经受时代和技术给我们带来的下一次和再下一次的挑战！

END

【来源】转自"今日头条"

图3-46 引用型结尾

这篇文章的结尾，一方面，名人的话更有说服力，读者更愿意相信他们；另一方面，当说不清楚一件事的时候，可以用名人的话，让读者从更伟大的人的话语中，得到启发。

（四）排比型结尾

排比型结尾既融合前三种结尾的功能，又能在情绪上更好地渲染。

【案例3-13】 以《你这么厉害，一定没被好好爱过吧》（如图3-47所示）为例进行分析。

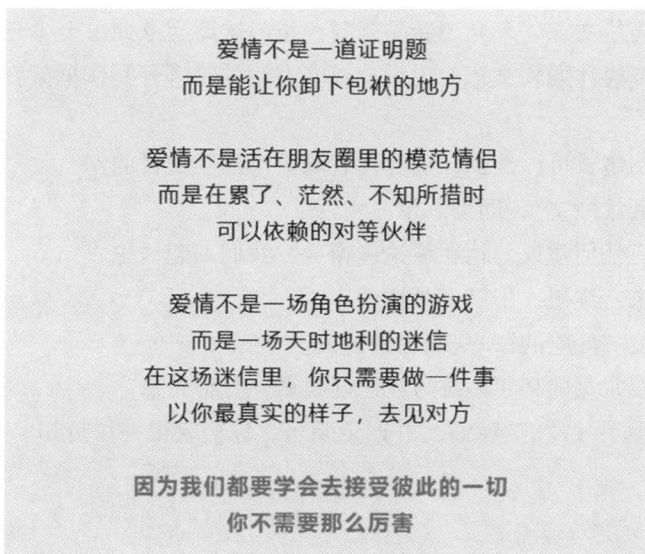

爱情不是一道证明题
而是能让你卸下包袱的地方

爱情不是活在朋友圈里的模范情侣
而是在累了、茫然、不知所措时
可以依赖的对等伙伴

爱情不是一场角色扮演的游戏
而是一场天时地利的迷信
在这场迷信里，你只需要做一件事
以你最真实的样子，去见对方

因为我们都要学会去接受彼此的一切
你不需要那么厉害

图3-47 排比型结尾

排比，一方面是重复了文章的内容，相当于总结；另一方面，增强读者的动力，最后强调的动作更加突出。运用排比，可以总结文章内容，同时多用"你"这样的字词，增强读者的代入感。排比是引发读者情绪，并且触发读者点赞的关键。

（五）提问型结尾

在结尾进行提问，一方面提问力度比正面陈述大，可以引导读者思考；另一方面在结尾提问后，启动互动，增强读者的参与意识。例如，"来，在今天的留言区，说说你过去做了或者经历哪些事，让你不再那么玻璃心"。

（六）神转折型结尾

神转折型结尾，即用无厘头的逻辑思维，把两个毫无关联的事联系起来，用结尾的三言两语将前文中营造的氛围破坏得一干二净。由于神转折有一种强烈的反差感，读者读起来有趣，因此利于网络传播。

【案例3-14】

正文梗概：女主角手机通讯录存着已故前男友的号码，她的丈夫知道却装作不知道。有一次女主角出了车祸，在翻倒的车里她下意识地拨出了那个号码，但话筒里却传来她丈夫的声音。她的丈夫告诉她："我换了号码，我知道我不能代替他，但我可以代替他保护你。"

文章结尾：不到5分钟，她的丈夫赶来，开着挖掘机把压在女主角上方的汽车挪开，女主角获救了。原来，她的丈夫是××挖掘机培训学校2000年毕业的学生，这个学校今年的招生计划是……

峰终定律表明，文章的结尾决定了读者的阅读体验感，好的结尾会给读者留下深刻的印象。但其实，无论用哪一种结尾，除了优化体验感外，更重要的是呼吁行动。

扩展探索 >>>

1.假如你是一家快餐连锁企业的新媒体文案人员，公司下周将推出新品套餐。现在需要你撰写一篇微信文章，来介绍新品套餐。请为这篇文章列出至少三个标题。

2.找出一篇新媒体爆款文章，说说这篇文章用的是哪种写作框架？或者是哪种基础结构？

3.以下哪个结尾，可以达到"引导读者购买产品"的目的？

（1）点击"阅读原文"，即刻下单。

（2）如果你有任何建议，请在评论区留言，我们一起讨论。

（3）长按文末二维码，了解产品详情。

（4）后台回复"好吃的"，获取店铺链接。

（5）本文涉及常见的PPT小技巧，建议收藏，有备无患。

（6）添加小助手（微信号×××）并回复暗号，你会获得神秘折扣。

任务四　新媒体优秀文案赏析及撰写实例

一、任务需求分析

在互联网时代，人们的生活方式和购物习惯发生了巨大变化。新媒体平台在人们的生活中占据着越来越大的比重，人们将大量时间花费在微博、微信、淘宝等网络媒体平台上，对纸质媒体的需求日渐降低。这些新媒体的盛行使不少商家和企业将目标市场和广告渠道从传统媒体转接到新媒体中，力求为自己创造更多的商业机会。这也导致了信息的爆炸式增长。当前，几乎人人都面临着信息超载的困顿，尤其在面对诸多同类产品的选择时，繁杂的产品宣传广告令消费者眼花缭乱，甚至有了选择困难症。在如此激烈的竞争下，产品文案的重要性不言而喻。那么作为文案人员，如何宣传才能直击要害，让产品更加深入人心，从而得到消费者的认可呢？本任务将围绕新媒体优秀文案的写作秘诀与基于 AIDA 模型撰写新媒体文案实例两个方面，翔实地为学习者分析如何创作优秀的新媒体文案。

二、新媒体优秀文案赏析

新媒体文案是一种以推广为策略、以服务为宗旨、以营销为目的的隐性宣传广告写作。优秀的新媒体文案具有短小精悍、主题突出、定位精准、可读性强、推广力大等特点。不仅如此，优秀的新媒体文案人员还能巧妙地将与品牌相关联的文化背景、地理条件、产地优势、材质特色等信息植入文案中，写出品牌价值与传播价值相融合的极具说服力的创意性文案。高质量的新媒体文案对提高品牌文化的知名度、打造一流品牌形象起着不可估量的作用。下面将通过一些具体的新媒体优秀文案案例，帮助读者进一步理解和学习如何利用文案为商品及品牌"画龙点睛"。

（一）传递品牌精神

【案例 3-15】　抖音，记录美好生活。

图 3-48 所示的宣传文案很好地宣传了该品牌网站的主要功能——利用视频记录美好的生活，既具备传播价值，也传递了品牌精神。

图 3-48　抖音短视频品牌文案

（二）体现核心价值

【案例3-16】 充电5分钟，通话2小时。

新媒体文案通常需要体现出品牌的核心价值，这个核心价值可以由品牌的主要产品或服务的功能属性和享受属性决定，并为品牌的定位提供内涵说明。图3-49所示的文案提取了该产品的核心价值，以简洁生动的表述在短时间内向用户心中植入品牌，让消费者在最短的时间内对品牌留下深刻的印象。

图3-49　OPPO手机广告文案

（三）引人主动传播

【案例3-17】

朝着阳光走，刺眼，却是对的方向。

不是尽力而为，而是，一定要做到。

有一种伟大，叫做英雄。

年龄，从不限制伟大。

伟大，就是不停的战斗。

图3-50所示是耐克运动品牌的"活出你的伟大"系列文案，其内容积极阳光，且符合品牌价值观，整个系列文案表达了一种积极、令人敬佩的精神，很容易被用户分享传播。

图3-50　耐克品牌系列文案

（四）激发好奇心

【案例3-18】 一辈子你围着我转，这一次换我围着你转。#妈妈，我要辞退你#

比起"一辈子你围着我转，这一次换我围着你转"这句主文案，"妈妈，我要辞退你"这句副文案更能激发人们的好奇心。为什么要辞退妈妈？是不给你钱花？还是没有照顾你？原来都不是，而是想让妈妈干家务更轻松。图3-51所示文案不仅激发了目标用户和非目标用户的好奇心，还引起了读者对妈妈的心疼，不仅宣传了企业的人文关怀，而且进一步调动了受众的购买欲。

图3-51 机器人广告文案

（五）巧融节日元素

【案例3-19】

（1）奔驰汽车的新春文案，用谐音表达祝福，如图3-52所示。

(a)　　　　　　　　　(b)　　　　　　　　　(c)

图3-52 奔驰汽车文案

（2）五粮液关于小雪节气的文案，引用唐代诗人钱起《东溪杜野人致酒》中的一句"晚来留客好，小雪下山初"，如图3-53所示。

图3-53　五粮液酒文案

每逢节假日，甚至是二十四节气，企业都会利用消费者的节假日心理，结合自身的品牌形象及产品推出对应的节假日营销活动或文案。这样不仅能传达品牌内涵，加强与消费者的情感联系，也能提高品牌的曝光度。在融合的过程中，要注意三个原则：应与节假日有关，能够产生情感共鸣，品牌和产品需有机植入。

（六）重视文案框架

【案例3-20】　别克君越的"不喧哗，自有声"主题文案如下。

（起）这个时代，每个人都在大声说话，每个人都在争分夺秒。

（承）我们用最快的速度站上高度，但是也在瞬间失去态度。

（转）当喇叭声遮盖了引擎声，我们早已忘记，谦谦之道才是君子之道。

　　你问我这个时代需要什么，在别人喧嚣的时候安静，在众人安静的时候发声。

（合）不喧哗，自有声。

　　别克君越，新君子之道。

意识形态广告的执行创意总监石梦慈曾用一句话定义文案："21世纪没有诗人，他们都藏在广告公司里做文案。"文案和诗之间，有一定的通性，如押韵、对仗、文字的节奏感等，虽然新媒体对文案的语言要求更直白、通俗易懂，但有值得借鉴的地方，尤其是品牌文案的内在框架，即起、承、转、合。

（七）对比优势，彰显卖点

【案例3-21】 诺基亚魅蓝手机新品发布会倒计时广告文案如图3-54和图3-55所示。

图3-54　诺基亚魅蓝手机新品发布会倒计时广告（一）

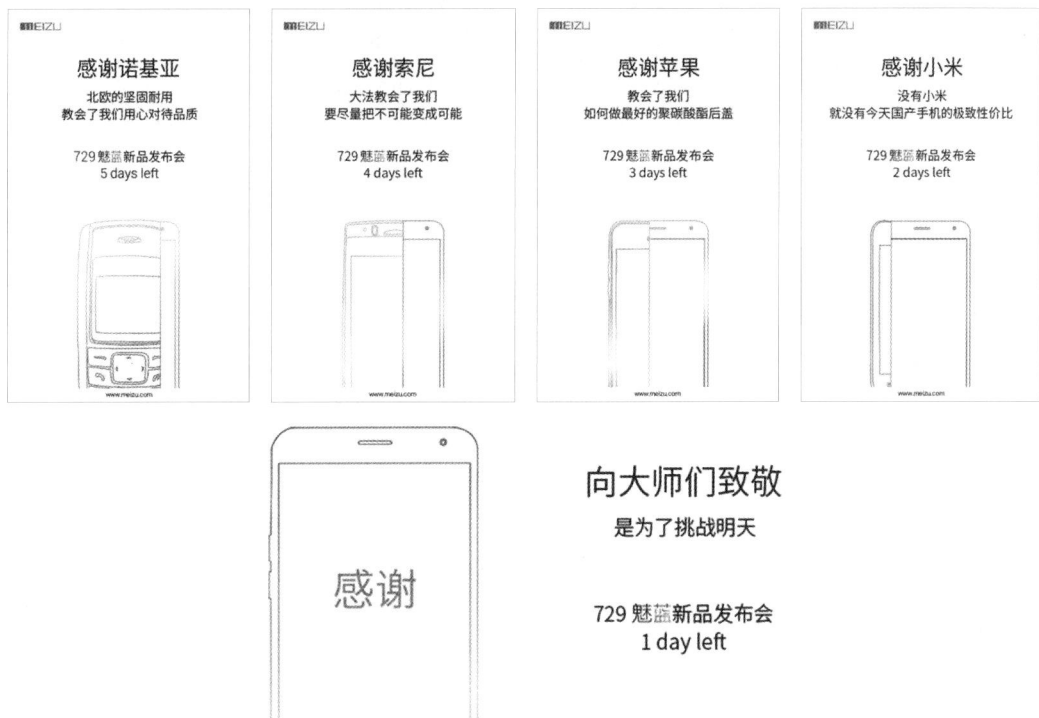

图3-55　诺基亚魅蓝手机新品发布会倒计时广告（二）

与竞争对手对比优劣能够彰显自己的卖点，引起目标人群的关注。如图3-54所示，从竞争对手同类产品的卡、慢、丑、小、糙的特点入手，寓意为魅蓝手机将要打破消费者对于传统千元机的印象，引起消费者的注意和期待。同时，与竞争对手直接对比的好处还有消费者可以明确地感受到新产品不一样的卖点，并且可以借用竞争对手的优势为自己加分。如图3-55所示，以一个学习者的姿态，将诺基亚、苹果、索尼、小米的不同优势一一道出，并且暗示自己不仅在学习以上品牌的优点，还在试图进行挑战。

（八）文巧意深，弘扬正能量

【案例3-22】 中国银联宣传广告文案，如图3-56所示。

图3-56 中国银联宣传广告文案

这一系列文案出自中国银联的一支视频广告。该广告巧用了一个汉字上的梗，内容讲述的是外国人走在中国街道上常感到疑惑不解："中国工商银行，中国建设银行，为什么哪里都写着中国很行呢？"中国银联想表达，中国的银行很行，因为中国很行，中国人很行。中国银联凝聚银行业的力量和大家一起努力传递社会正能量。这不仅仅是银行业界的服务理念，更是象征了中国人坚持付出，祖国一定会欣欣向荣。不仅肯定了每个中国人的付出，还建立了银联作为国家和人民的战友的形象。该文案一语双关，一举多得，解疑释惑，吸引注意，给人们留下深刻印象。

三、基于AIDA模型撰写新媒体文案实例

假设你的朋友急需提高自己的PS（Photoshop）技术，请问你该如何利用朋友的需求来写某品牌PS培训课课程的广告文案呢？

1948年，伯特伦·福勒通过试验证明了一种心理学现象：人们常常认为一种笼统的、一般性的人格描述十分准确地揭示了自己的特点。当人们用一些普通、含糊不清、广泛的形容词来描述一个人的时候，人们往往很容易就接受这些描述，认为描述的就是自己。这种心理现象被称为巴纳姆效应。

新媒体文案人员在撰写文案时，也要利用巴纳姆效应，让受众主动将自己代入其中，下意识地认为自己需要广告中宣传的产品或服务。要想让受众对文案产生巴纳姆效应，新媒体文案人员可以根据AIDA模型来撰写推广文案，将AIDA模型与痛点思维结合进行文案写作，具体步骤如下。

(一) 实战案例

策划、设计和售卖某品牌PS训练营课程。

(二) 实战解析

1.吸引注意,激发需求

激发需求是指寻找用户的三个点,即痛点、乐点、痒点。

(1) 寻找痛点。新媒体文案人员需要思考用户为什么需要学习PS,即用户如果没有学习PS会面临哪些痛点和场景,如表3-7所列。

表3-7 用户没有学习PS的痛点和场景

痛点	场景
羡慕	同样的内容,为什么别人的海报总是看起来更加有质感
无奈	应聘了很多工作,每家公司都要求熟练掌握PS的用法
郁闷	活动即将上线,设计师却说没有时间设计海报
头疼	设计师设计的海报质量不佳,但完全不知道如何提出建议
可惜	好不容易有机会去旅游,拍出来的纪念照要么天气不好,要么杂物太多
遗憾	因为不会PS,错失了一次升职机会
抓狂	用户、领导要的文件总有奇怪的瑕疵,不知道怎样去掉
麻烦	提交证件照,需要按照相应的要求进行裁剪

(2) 寻找乐点。乐点是针对痛点展开的,是指用户在解决痛点问题后,产生的快乐情绪。此时,新媒体文案人员需要给用户提供一套能够解决用户痛点问题的方案,及时满足用户的需求,如表3-8所列。

表3-8 用户学习PS后的乐点

乐点	场景
兴奋	学好PS后,成功入职理想企业
自豪	在工作中因PS制作能力出色被夸奖
欣慰	因为PS制作能力出色被委以重任

(3) 寻找痒点。痒点是指用户学会PS后产生的令人愉悦的效果。将这些效果展示出来,让用户看到学会PS后的不同,用户会更加具有学习的动力,如表3-9所列。

表3-9 用户学习PS后的痒点

痒点	场景
嫉妒	学习后自己拥有令人嫉妒的出色的PS制作能力
着急	在工作中因为PS制作能力比其他人突出被夸奖
期待	一直想学PS技术,终于有机会可以进修

2. 打消顾虑，加深兴趣

用户购买某款产品，最大的顾虑是该产品是否具有理想的效用。大部分用户对学习PS训练营课程最大的顾虑是能否通过该课程真正学会PS。此时，新媒体文案人员需要列举一些有力证据，证明该产品真的能够达到用户的要求。例如，PS训练营课程具有以下3个优点，能够有效保证用户的学习效果，如图3-57所示。

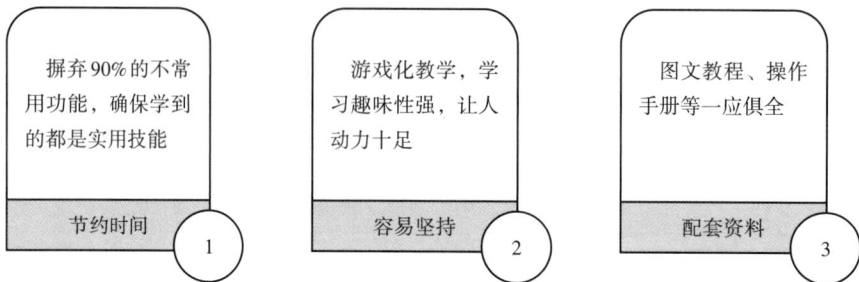

图3-57 PS训练营课程的3个优点

3. 对比选择，突出卖点

将训练营学习与网课自学进行对比分析，让用户认为参加训练营学习比自学网课效果更好，如表3-10所列。

表3-10 选择模式对比

序号	网课自学	训练营学习
1	个人自主摸索学习模式，缺方法	8次直播结合6次点评，专业方法指导
2	没有人反馈，不想做作业，缺实践	28天实战演练，老师专业点评反馈
3	想找很多时间学习课程，缺时间	每天60分钟，28天集中搞定PS
4	自制力不够容易放弃，缺坚持	福利激励，专人监督
5	自己对着课程琢磨，缺氛围	社群成员互相交流学习，每日打卡
6	作业做与不做都没人管，缺监督	助教暖心陪伴，全程指导学习

PS训练营有很多，此时新媒体文案人员需要强调，某品牌PS训练营比其他品牌PS训练营好在哪里，阐述用户选择某品牌PS训练营的原因，如表3-11所列。

表3-11 选择品牌对比

序号	原因	广告文案切入点
1	品牌口碑好	某品牌推荐的课都信得过，训练营品类多
2	某品牌PS训练营口碑好	学员好评截图、好评卡片、学员复盘总结
3	某品牌PS训练营知名度高	发布老师、学员、作品、课程内容等一切与训练营有关的正面内容，包括新媒体运营、公开课、图书等

表3-11（续）

序号	原因	广告文案切入点
4	学习效果看得见	邀请学员分享故事，学员学习前后的成果对比
5	增值服务价值高	多样化学习奖励，超值的福利资源包，提供设计项目对接服务
6	老师阵容很有吸引力	一线设计老师授课
7	学习氛围好	学员互相监督、互相鼓励、互相讨论问题

4.抓住机会，促成行动

许多用户接收到以上信息后，并不会立刻购买该训练营课程，而是选择继续观望一段时间。此时，新媒体文案人员需要通过广告文案告诉用户立刻购买某品牌PS训练营课程的意义。

例如，新媒体文案人员可以通过文案告诉用户，某品牌PS训练营每期的招生名额有限，现在不购买可能会错过；现在购买某品牌PS训练营课程可以得到额外的福利，以后购买将不会得到这些福利，如图3-58所示。

图3-58 某品牌PS训练课程优惠活动文案

扩展探索 >>>

1.一般情况下，什么样的文案会吸引你的注意力？请你列举三则印象深刻的新媒体文案，并阐述原因。

2.根据本任务分析的八个文案写作秘诀，选择一种商品写一则销售文案。

3.某品牌"鸡胸肉零食"将与一名主打零食推荐的KOL合作，投放一则广告在这位KOL的短视频账号上。请你利用AIDA模型为这款产品写一则广告文案。

项 目 四　掌握微信公众平台运营，构建新媒体推文引流矩阵

本项目共有两个任务，可以让学习者清楚微信公众平台的相关知识，了解重量级引流平台和掌握新媒体引流的技能，利用平台资源引流，学会推广方法与技巧。任务一帮助学习者了解微信公众平台是什么，掌握微信公众平台的使用和运营技巧，学会编辑推文、美化推文。任务二帮助学习者掌握微博社交媒体平台运营的技巧，了解当今流行的新媒体推广平台，学会区分平台的种类及运用这些平台。

【知识目标】

熟悉微信公众平台的概念，了解微信公众平台账号的注册与推文发布流程，熟悉新媒体从业人员编辑微信公众平台推文的技巧；掌握微博社交媒体平台运营的技巧，了解新媒体从业人员应熟悉的引流平台。

【能力目标】

提升新媒体从业人员的运营意识与技能，开阔新媒体从业人员编辑微信公众平台推文的思维，构建新媒体推文引流矩阵。

【素质目标】

让新媒体从业人员发现传统文化之美，提升新媒体从业人员的民族自豪感。

【知识链接】

（1）新媒体推文：又称新媒体软文，是一种具备推广性质的文章。与传统广告形式不同，新媒体推文的推广并非硬性的，而是在含蓄的文字中向读者传达所要推广的产品或内容。

（2）新媒体推文引流矩阵：又称多渠道新媒体运营，即同一主体在多个平台使用多个账号进行推广引流。多平台间可相互引流，多账号间可内容互补。通过构建新媒体推文引流矩阵，可以很好地对用户群体进行差异化运营，并通过平台相互引流，极大程度增大用户量和曝光量。

任务一　微信公众平台运营方法

一、了解微信公众平台

微信公众平台账号（简称微信公众号）即在微信公众平台上成功注册的账号。微信公众号作为"微信"的衍生产品得以迅速推广，主要是凭借着其载体——微信公众平台上庞大的用户基数与高活跃度。微信公众平台的标语是"再小的个体，也有自己的品

牌"。不管是个人还是企业、媒体等，都可以利用微信公众平台将品牌推广给微信用户，以此来提升品牌的知名度。

二、微信公众号注册与推文发布流程

（一）微信公众号注册

注册微信公众号的主体有媒体、企业、其他组织和个人等，注册的主体不同，需要提供的资料内容也不同。注册微信公众号并不复杂，只要根据系统的提示进行操作即可。

目前，根据微信公众平台的要求，个人类主体可注册微信公众号数量的上限调整为1个；个体工商户、企业、其他组织可注册和认证微信公众号数量调整为2个，若注册数量已达到上限，可在注册时提示达到上限的页面中，申请提升注册数量上限，经互联网信息内容主管部门审批通过后，审核结果会通过邮件、管理员微信号进行发送；媒体类主体可注册和认证50个微信公众号，若已达到上限则不支持继续申请。

下面以注册微信公众平台订阅号为例，讲解注册微信公众号的步骤。

首先，个人类主体的信息登记非常简单，只需要填写身份证姓名、身份证号码、管理员手机号码和短信验证码，再用绑定了管理员银行卡的微信扫码验证即可。注册微信公众号时，会要求填写管理员信息，微信公众平台没有强制规定管理员必须是法人或经理等，在注册完成后也可以更改管理员。目前，管理员信息仅支持用年满18周岁的成人的身份证和手机号码进行登记。

其次，填写完信息之后，需要认真检查一遍，确认所有内容无误之后点击"确定"按钮，进入"公众号信息"页面。在这个页面中填写公众号的账号名称（4~30个字符，1个汉字算2个字符）、功能介绍（4~120个字，介绍公众号功能与特色）和运营地区。填写完成点击"完成"按钮，微信公众号就注册成功了。

最后，点击"前往微信公众平台"按钮。一旦微信公众号注册成功，就可以长期使用。但根据目前的微信公众号运营规则，账号出现连续210天未登录等情况，是有可能被终止使用的，所以运营者注册成功之后，需要经常使用。

（二）推文发布流程

微信公众号推文发布流程如下。

1. 登录

打开微信公众平台官网的登录页面（如图4-1所示），输入微信公众号的账号和密码，点击"登录"按钮。

图4-1 微信公众平台官网的登录页面

也可以通过扫描二维码的方式完成平台登录。非管理员或运营者账号扫码后不能直接进入平台，需要管理员根据手机微信 App 所弹出的提示进行确认后才可登录。这样的双重保护使微信公众号更加安全，即使密码泄露，未经管理员允许，陌生人也无法登录。

2. 素材管理

进入微信公众平台后，在首页中找到"新的创作"，点击"图文消息"，创建一个新的"图文素材编辑"页面，如图 4-2 所示。

图 4-2　点击"图文消息"

进入该页面后，必须填写的内容有文章标题、正文内容和封面图，如图 4-3 所示。

（a）

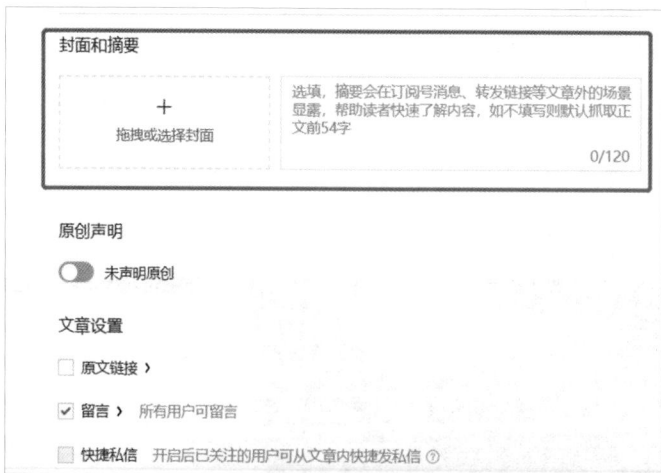

（b）

图 4-3　编辑新的图文素材

需要注意以下问题。

（1）可以不填写作者栏。如果内容为原创，那么可以填写作者名，以进行原创声明。

（2）如果需要插入图片，那么点击工具栏中的"图片"选项，从本地磁盘或图片库中选择对应图片插入即可。

（3）如果需要添加视频，那么点击"视频"选项。注意：上传视频的时长需小于30分钟，如果视频时长超过30分钟，那么可将视频先上传到腾讯视频再添加。

（4）如果需要添加音频，那么音频文件的大小不能超过200 MB，且时长不能超过1小时，音频格式应为MP3、WMA、MAV、AMR或M4A。

3. 摘要和封面

摘要栏的内容通常为推文的概述内容。如果不填写摘要，那么系统会自动抓取正文前54个字，如图4-4所示。用户在给他人分享文章时，在微信对话框中会显示摘要内容，这是一个体现细节的地方。因此，建议运营者尽量手动填写文章的摘要，把控好每个细节。

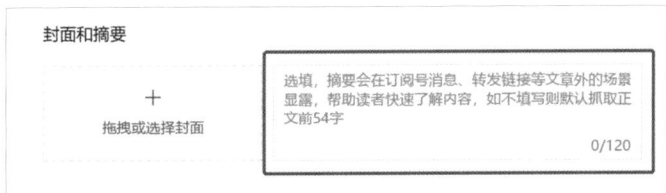

图4-4 编辑推文摘要

完成摘要的填写后，需要给文章挑选一张合适的封面图。封面图是整个文章的门面，其重要程度不低于文章标题。将鼠标指针移动到"选择封面"位置，界面中会弹出"从正文选择""从图片库选择"两个选项，如图4-5所示。如果正文中有合适的图片，那么可以点击"从正文选择"，选择正文中的图片作为封面图；如果正文中没有合适的图片，那么可以自己设计或从网络上找合适的图片作为封面图，再通过"从图片库选择"上传本地磁盘中的图片。

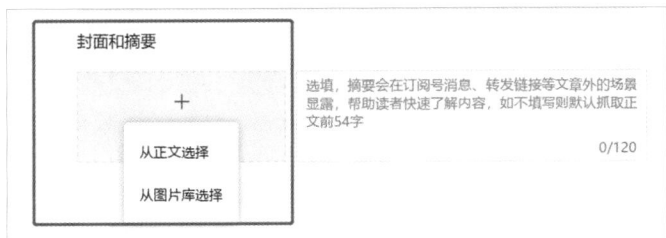

图4-5 选择推文封面

有时选择完封面图不能直接使用，可能还需要裁剪。微信公众号推文封面图的比例是"2.35∶1"或"1∶1"，如图4-6所示。企业通常会要求设计师制作900像素×383像素的图片，如果封面图不是这个比例，那么上传图片之后需要通过调整裁剪框的位置和大小，来选择合适的区域作为封面图。

图4-6　编辑推文封面图

首先截取合适的区域作为"2.35∶1"比例的封面图；然后点击"图文封面（1∶1）"，以此为基础调整出"1∶1"比例的封面图。

4. 推文预览

推文设置完成后，可以在自己的手机上进行查看。在"发送预览"页面的输入框中，输入微信号，点击"确定"按钮后，就可以在手机上查看微信公众号推文，如图4-7所示。如果其他人（如领导）要进行预览和审阅，可以在输入框中输入多个微信号，且各微信号用"Enter"键分隔，从而实现多人同时预览检查。

图4-7　发送预览

5. 推文发送

在发送推文之前，需要在手机上仔细检查有无错别字，以及信息是否完整和正确等，确认文章无误之后，再点击页面最底部的"群发"按钮。

点击"群发"按钮后，会弹出确认群发提示，点击"继续群发"按钮，并让管理员或运营者扫描二维码进行验证，在手机上确认之后，推文即被发送出去。

三、微信公众平台编辑技巧

下面以135编辑器为例，讲解微信公众平台编辑技巧。

135编辑器是提子科技（北京）有限公司旗下的一款在线图文排版工具，主要应用于微信文章、企业网站及论坛等多种平台，支持秒刷、一键排版、全文配色、微信公众号管理、微信变量回复、48小时群发、定时群发、云端草稿、文本校对等40多项功能与服务。

135编辑器最大的特点在于它有一个丰富的样式中心。同时，其样式更新速度快，能够极大地满足用户的需求。特别是节假日和有热点时，135编辑器会及时更新样式。

135编辑器的网址为"https://www.135editor.com"，在使用前需要注册账号。既可以使用手机号码注册，也可使用第三方（微信、QQ）账号注册。如果用户有135编辑器的账号，那么可以直接登录。

在135编辑器主页面中，可以看到135编辑器主页面主要被分为五个部分，如图4-8所示。这五个部分从左到右依次为辅助功能板块、样式展示区、素材排版区、常用功能区和热点速报区。热点速报区是一些新闻资讯内容，这里就不过多介绍了，下文主要讲解其余四个部分的使用方法。

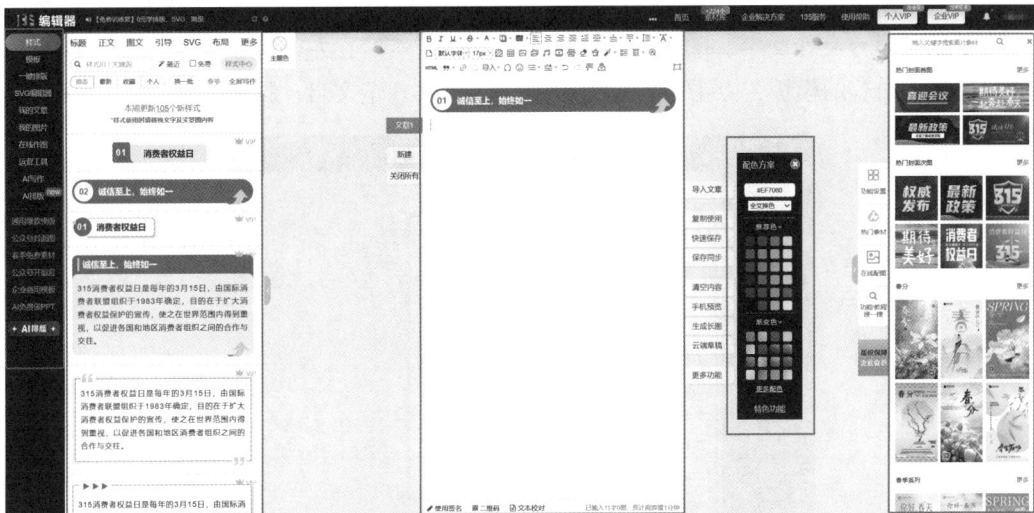

图4-8 135编辑器主页面

（一）辅助功能板块

在辅助功能板块中，可以看到很多功能。使用频率较高的除了"样式"功能，还有"模板""一键排版""我的文章""图片素材"四个功能。

1. 模板

为了节省用户排版时间，135编辑器提供了一些样式的模板（如图4-9所示），用户可以根据需要直接套用模板。例如，用户需要排一篇元旦主题的推文，可以将鼠标指针移动到"跨年狂欢活动"的模板上（如图4-10所示），点击"分开使用"或"整套使用"按钮（如图4-11所示）。建议点击"整套使用"按钮，这样整体会比较和谐。

图4-9 模板运用（一）　　图4-10 模板运用（二）　　图4-11 模板运用（三）

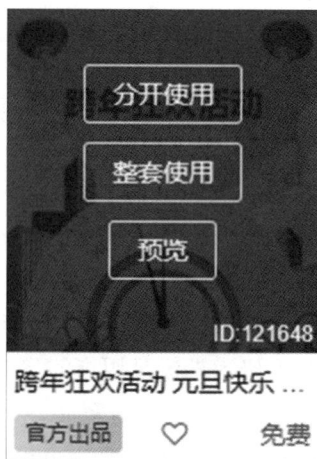

模板会被插入正中间的素材排版区，用户可以根据需要对模板中的文字和图片进行修改，这样一篇元旦主题的推文就完成了，节省了选择素材和排版的时间。

2. 一键排版

"一键排版"可以快速地使杂乱的文章排成指定的排版样式，能高效地帮助用户完成排版任务，也可以称为"懒人排版"。要想使用"一键排版"，用户需要在素材排版区内输入所有内容（如文字、图片），如图4-12所示；然后在左侧预览各模板的内容，挑选适合文章内容的模板，点击"使用"按钮，即可实现全文自动排版。

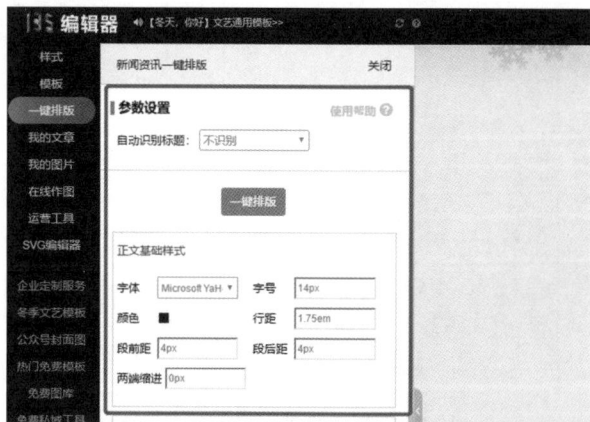

图4-12 "一键排版"功能

3. 我的文章

如图4-13所示，选择"我的文章"功能，在135编辑器中保存的文章都会显示在

"135 文章"中，用户可以根据标题找到之前编辑的文章。

图4-13 "我的文章"功能——"135文章"

微信文章中显示的都是绑定了135编辑器的公众号文章。将135编辑器中编辑好的文章删除之后，文章会被收入"回收站"，如图4-14所示。如果有误删文章的情况，可以在"回收站"中找回。

图4-14 "我的文章"功能——"回收站"

4. 图片素材

"图片素材"功能包括"我的上传""免版权图库""表情""免抠图"，如图4-15所示。

图4-15 图片素材

上传的图片都会显示在"我的上传"中，可以对这些图片进行批量分组、批量删除、水印设置和分类管理等操作。

"免版权图库"中的图片都是可免费使用的图片，用户可以免费把这些图片用于商业用途。

"表情"提供了一些小表情，用户可以根据需要使用这些小表情。

（二）样式展示区

点击辅助功能板块的"样式"，可以看到单独的样式展示区，如图4-16所示。135编辑器的用户可以在这里挑选喜欢的样式来使用。样式展示区有"标题""正文""图文""引导""布局""更多"六大类别。当用户点击某一类别后，其下方会出现下拉菜单，显示详细的可选项。例如，点击"标题"，其下拉菜单中会显示"全部标题""基础标题""编号标题""框线标题""底色标题"等。点击其中一个后，下方区域会展示对应的模板。用户选择样式后，样式就会被插入右侧的素材排版区。

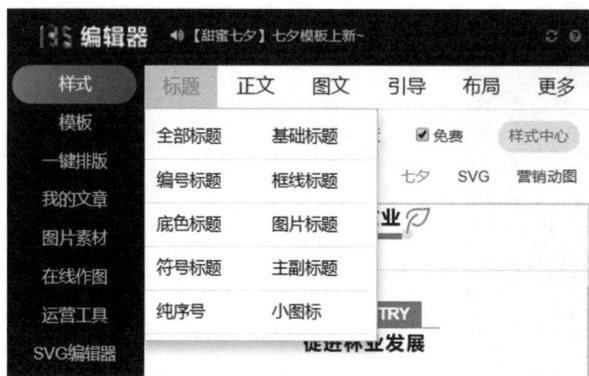

图4-16 样式展示区

在样式展示区，用户可以在六大类别中挑选样式，也可以通过搜索框来搜索需要的样式，如图4-17所示。

图4-17 六大类别

（三）素材排版区

素材排版区是微信公众号运营者对图文素材进行排版的区域，用于配合左侧的各类样式，如图4-18所示。

图 4-18 素材排版区

1. 背景

使用"背景"按钮可以设置全文背景，使微信公众号变得更加有个性，如图 4-19 所示。微信公众号推文背景默认白色，偶尔换个新背景，能给用户产生一种新鲜感。但在微信公众平台上并不能设置背景，所以需要靠编辑器来实现这个功能。使用 135 编辑器的"背景"按钮可以给推文添加三种背景，即在线图片背景、纯色背景和自定义背景。

图 4-19 "背景"按钮

2. 文档导入

使用"文档导入"按钮可以直接将计算机上的文档导入到 135 编辑器中，如图 4-20 所示。如果直接打开 Word 文档，将文字内容复制并粘贴到 135 编辑器中同样很方便。但如果 Word 文档带有插图就会比较麻烦，因为 Word 文档中的图片是无法通过复制和粘贴的方式导入到 135 编辑器中的。如果直接从 Word 文档里复制并粘贴图片，135 编辑器会显示"包含本地图片"，无法直接显示图片。这就需要将 Word 文档中的图片先转存到计算机中，再上传到 135 编辑器中。

图 4-20 "文档导入"按钮

点击"文档导入"按钮，将本地 Word 文档的所有内容（包括图片）导入到 135 编辑器中，这样省去了将图片一张张转存到计算机上再导入135编辑器的操作，节省了时间。注意：导入的文档大小应限制在5 MB以内，若超出5 MB则无法直接导入。

（四）常用功能区

常用功能区为135编辑器的常用工作区，如图4-21所示。其中的功能使用的频率非常高，下文详细介绍常用功能区的使用方法。

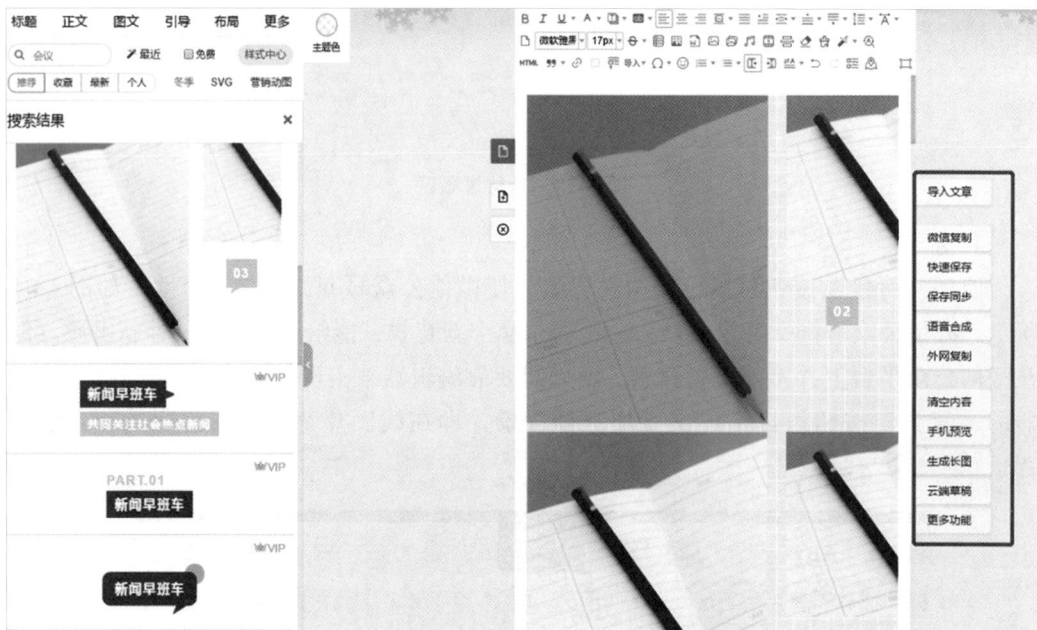

图4-21　常用功能区

1. 换专业版

如果用户是有一定基础的微信公众号运营者，可以将基础版换成专业版。换成专业版后，编辑器内大部分的内容都不会发生变化，唯一发生变化的是点击样式之后，在素材排版区弹出的样式工具窗口，如图4-22所示。

图4-22　更换专业版编辑器后弹出的样式工具窗口

2. 微信复制

"微信复制"功能就是将素材排版区内的全部内容复制，然后打开微信公众号后台并粘贴。

3. 外网复制

点击"外网复制"，可将素材排版区的内容复制到外网上使用。

4. 保存同步

保存图文的时候，必须填写图文的标题。点击"快速保存"或"保存同步"（如图4-23所示），文章便被保存在编辑器内，之后可以在左侧的辅助功能板块中的"我的文章"内找到这篇文章。如果要将135编辑器内的图文同步到微信公众号素材库内，需要授权给微信公众号，再勾选"公众号"，然后设置封面图片，点击"保存文章"，将文章同步到公众号素材库内。

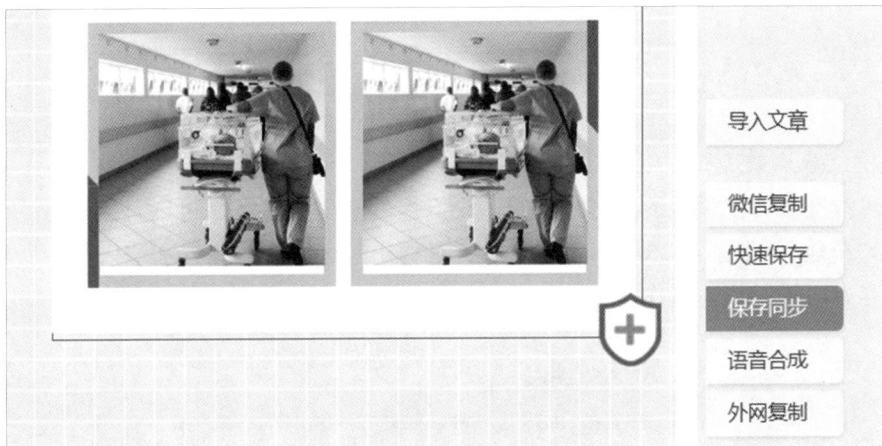

图4-23　保存同步

当然，除了可以将图文保存在编辑器内，还可以直接将图文另存到其他用户的135编辑器中。点击"投稿给其他用户"按钮，再输入其他用户的账号，就可以将图文另存到他人的编辑器中，如图4-24所示。这对多人协作写稿来说非常方便。

图4-24　投稿给其他用户

5. 导入文档

如果直接将某网址上的内容粘贴到135编辑器内，有可能会出现复制不全、排版错乱等情况。所以想要将某一网址上的文章内容导入到135编辑器内，不需要复制和粘贴，直接点击"导入文档"，将网址粘贴在"导入网址"框内，点击"确定"按钮，即可导入，如图4-25所示。

图4-25　导入文档

6.清空或新建

要想清空素材排版区的内容或新建一个空白的素材排版区，可以直接点击"清空内容"和"新建"，如图4-26所示。清空后，素材排版区原先的内容无法恢复，所以需要提前保存好再进行清空操作。

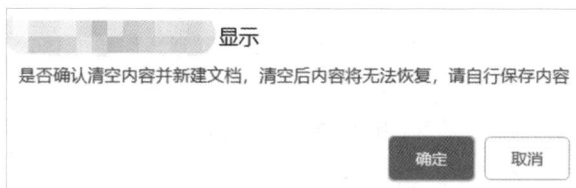

图4-26　清空内容和新建

7.手机预览

微信公众号运营者有时会遇到这样的情况：同样的图文内容，在大尺寸手机屏和小尺寸手机屏上却显示为不一样的效果，在大尺寸手机屏上样式能够显示完整，而在小尺寸手机屏上样式显示可能会出现错乱。使用"手机预览"功能可以提前发现因为手机屏幕大小不同而导致的排版错乱问题，需及时进行修改。

"手机预览"页面左侧有二维码，用户可以扫描二维码，然后在手机上预览。右侧是手机屏幕的模拟器，135编辑器非常贴心地提供了三种不同尺寸的手机屏幕（5寸及以下、5.5寸屏、5.5寸以上）供用户参考，如图4-27所示。

图 4-27   手机预览

8. 云端草稿

"云端草稿"功能是微信公众号运营者写稿时的好帮手。它可以很好地应对一些突发情况（如公司突然断电、计算机突然死机）。如果用户没来得及保存文章，那么打开 135 编辑器的"云端草稿"，就能找回 5 分钟前编辑的内容。点击"云端草稿"，找到草稿之后，点击"使用草稿"按钮就可以把草稿恢复到素材排版区中，不用担心文章丢失。注意：用户需要成为 VIP 会员后才可以使用"云端草稿"功能，如图 4-28 所示。

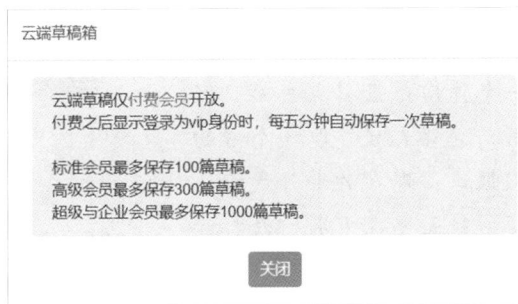

图 4-28   云端草稿箱

9. 生成长图

有时需要将推文内容转化成长图来使用，这时可以使用"生成长图"功能。首先，应该确认素材排版区内的推文内容（如图片、文字）在转化成图片后不会有版权问题；其次，135 编辑器是非专业作图软件，生成长图之后可能会有部分瑕疵；最后，免费会员可生成宽度为"480 px"的长图，宽度为"640 px""1080 px"的长图需要成为 VIP 会员、白银会员和黄金会员后才可生成，如图 4-29 所示。

图4-29 生成长图

【案例4-1】 美化推文的技巧。

掌握推文美化技巧，能使图文排版更美观，提高受众的阅读体验感。

1.封面图

微信公众号封面图和文章标题一样，直接决定着图文打开率，影响着阅读浏览量。因此，微信公众号封面图的第一个作用是吸引点击率。微信改版前为列表式推送，运营者只要取一个好的标题，就足以博取人们眼球；现在的卡片式推送就不一样了，除了标题，封面图在吸引受众打开图文上也同样发挥着重要的作用。

微信公众号封面图是公众号的门面担当，统一的封面设计风格有利于增强公众号的统一性，如图4-30所示。我们应该明确公众号的"VI系统"，即视觉识别系统。企业通过VI设计，对内可以征得员工的认同感、归属感，加强企业凝聚力；对外可以树立企业的整体形象，资源整合，有控

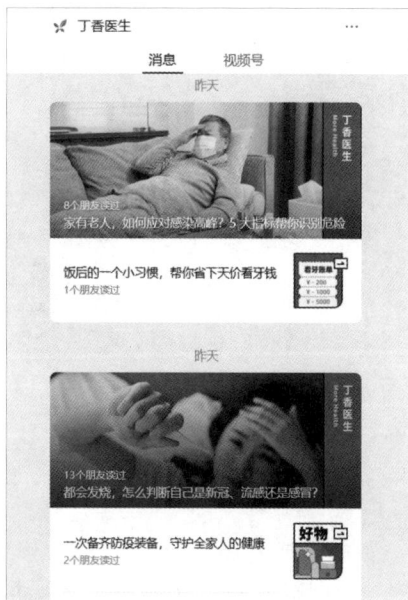

图4-30 微信公众号封面统一

制地将企业信息传达给受众，通过视觉符码，不断强化受众的意识，从而获得认同。也就是说，形成自家的排版或设计风格将是传播企业经营理念、建立企业知名度、塑造企

业形象的快速便捷之途。

如果一开始并没有设立相关的排版或设计风格，可截取自家企业或产品的Logo（标志）色调进行配色，以增加受众的认知。如果没有成熟的公司或产品，也可以根据微信公众号头像的颜色来考虑文章排版的配色，或者根据公众号的内容定位来决定文章排版的配色。确定风格后，选择封面图时应尽量做到简洁美观，然后在135编辑器中编辑符合定位的封面图，如图4-31所示。

图4-31　编辑封面图的风格

2. 标题

经过大量的数据统计，大部分微信公众号爆文的标题在16个汉字左右，标题中的关键词可以用一些符号进行分割，如"【】"或"|"等，如图4-32所示。切忌在标题中出现过多的符号。标题的字号在18～20 px为宜。

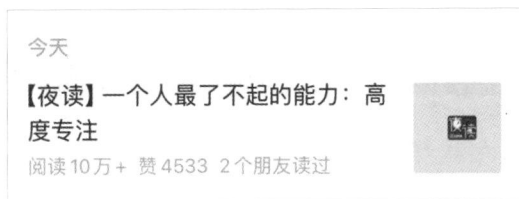

图4-32　标题设置

3. 配图

关于微信公众号正文的配图，每张配图的大小一定要保持一致，上传时选择自适应屏幕，这样能给受众带来更好的阅读体验。

4. 字体

微信公众号的内容字体大小为14 px或16 px，这两个字号也是人们常见的字号，字体尽量不要太大。正文中字体的颜色尽量不要超过3种，重点内容使用加粗字体的方式突出。字体样式方面尽量做到全文统一，内容排版不必花哨，简洁即可。

【案例4-2】 让推文更俏皮。

1. 美化小标题

打开135编辑器，在"样式"搜索框内输入关键词，按"Enter"键进行搜索。可输入某一种颜色或某一种符号，也可以输入某一个节日。输入"黄色"，就会展示黄颜色的相关样式；输入"新年"，就会展示与新年相关的样式。如果用户在几个类别和搜索框内都没有找到合适的样式，可以点击页面右上角的"素材库"，然后选择"样式中心"进行搜索。

例如，当为中秋主题的推文做美化处理且想要使用某个样式时，只需要在左侧样式展示区点击该样式，将该样式插入素材排版区即可，如图4-33所示。

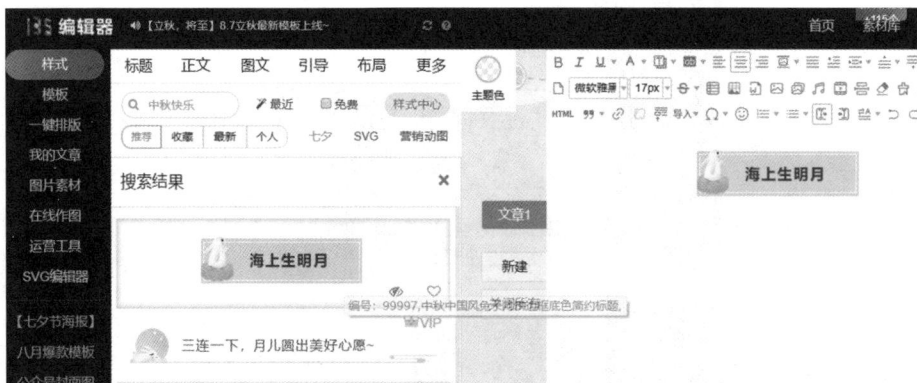

图4-33 将样式插入素材排版区

将样式插入素材排版区后，就可以对样式进行编辑。以图4-34为例，当插入"海上生明月"的标题样式后，点击该样式后会出现一个红色的虚线框及对应的编辑面板。想要修改样式内的文字，只需要删除样式内的文字内容，输入任意文字内容即可。这里删除"海上生明月"，输入"中秋快乐"，如图4-35所示。这样的美化方式，能够使推文看起来更加活泼有趣。

图4-34 插入标题样式

图4-35　修改样式中文字

2. 适当使用网络流行语

一些微信公众号利用模因理论，在推文中使用网络流行语，使得之前比较严肃的风格变得更加有趣、生动，这在很大程度上提升了趣味性及语言魅力，也使得推文通过强势模因得到了复制和传播，引起了越来越多受众的关注。

3. 加入一些表情包

在推文中适当穿插一些生动有趣的表情包，使得表达直接有效。因为表情包自带场景和情绪，适当使用会令表达更准确，能够直接有效地传达更多的语境含义；而且表情包内容具备高识别度，形式更加有趣，能更好地引起共鸣。

扩展探索 >>>

1. 注册一个微信公众平台订阅号。

2. 用新注册的微信公众号转发一篇推文。

3. 使用135编辑器完成一篇微信公众号推文美化。

4. 回顾推文美化过程，总结经验。

任务二　构建新媒体推文引流矩阵

微博是一种基于用户关系信息分享、传播及获取的通过关注机制分享简短实时信息的广播式的社交媒体。微博在网络营销时代，以其独特的运营方式，可以无障碍地连通任何阶层地位的人，因此被人们所喜爱和关注。庞大的用户数量对于新媒体从业人员来说意味着巨大的流量和成交量，所以需要新媒体从业人员学会利用微博这个用户数量众多的平台进行引流。

一、微博引流渠道

（一）精华内容引流

新媒体从业人员在微博上进行引流，最好的方法是发布140字的微博内容。新媒体从业人员在编辑微博时，前40个字内就要吸引住受众的眼球，那样才会有效果。另外，可以使用图文结合的方式（如图4-36所示），让读者对产品信息有更加直观的了解，从而提升引流的效果。

图4-36　图文结合的案例

（二）超级话题引流

微博上常常会出现各种各样的话题，新媒体从业人员可以根据自己经营产品的定位，搜索到与之相关的话题，然后找到参与该话题的人群，从而找到自己的精准客户群，并添加关注、私信引流。

（三）关键词搜索引流

微博主页拥有很强大的搜索引擎，新媒体从业人员可以在搜索栏中输入与产品相关的关键词。例如，搜索"新媒体"这个关键词，就出现了"综合"大板块与"实时""用户""文章""视频""图片""话题""高级搜索"七个小板块，一共八个板块，如图4-37所示。

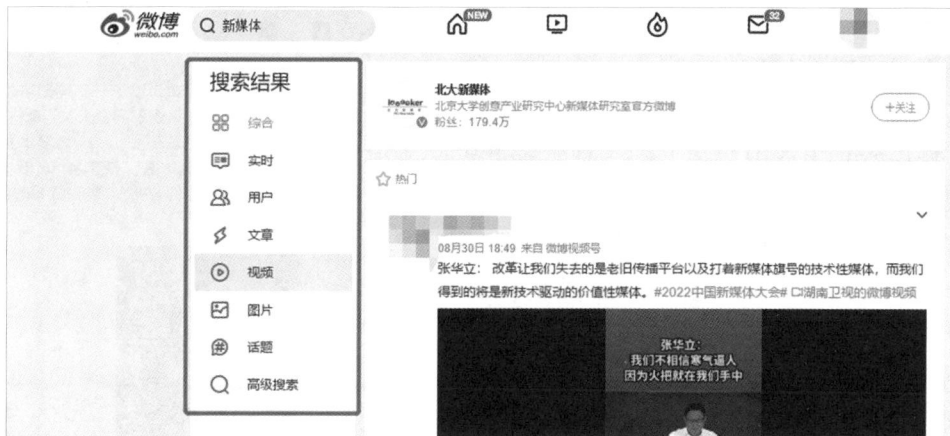

图4-37 搜索"新媒体"关键词

新媒体从业人员可以在"用户"板块对相关用户进行关注，通过私信的方式与他们进行交流，并发展他们成为粉丝；也可以在"文章"板块中寻找体现用户需求的文章，并关注用户，在这种情况下寻找的用户会更加精准。

（四）微博简介引流

新媒体从业人员在编辑微博简介时需要细化自己的信息，也可以添加自己在其他平台的联系方式，将微博的流量引到不同的平台，如图4-38所示。

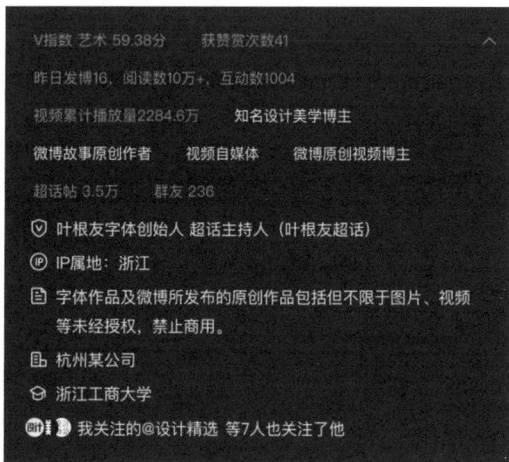

图4-38 微博简介引流（数据采集时间：2022年12月21日）

二、微博社交媒体平台引流形式

由于网络营销的迅速发展，微博成为各大企业与商家营销推广引流的重要平台。通常来说，在微博中推广主要有三种方式，具体如下。

（一）互动营销推广引流

进行微博互动营销，最主要的一点就是要主动与别人进行互动。当别人点评了你的微博后，你可以和他们进行对话。新媒体从业人员还可以利用微博举办一些小活动，加强与粉丝的互动，在活动的互动中，可以挖掘潜在客户，如图4-39所示。

（二）硬广告推广引流

硬广告是生活中最常见的一种营销方式，它是指人们在报纸、杂志、电视、广播、网络等媒体上看到或听到的那些为宣传产品而制作出来的纯广告。其中，微博中硬广告的传播速度非常快，涉及的范围也比较广泛，常常以图文结合、视频或链接的方式出现。从现实来看，微博用户一般对各种硬广告有排斥的心理。所以在推广时，要尽量将那些硬广告软化，文字内容不要太直接，要学会将广告信息巧妙地设置在那些比较吸引人的软文里，只有这样，对用户才有吸引力。

图4-39　微博互动营销推广

新媒体从业人员在发布微博硬广告时，最常见、最直接有效的方式就是图文结合。除此之外，企业在优化关键词的时候，也应该多利用热门关键词或容易被搜索到的词条，只有这样才能够增加用户的搜索率。如图4-40所示，新媒体从业人员在新浪微博发布的微博消息就采用了图文结合的硬广告方式来进行推广。

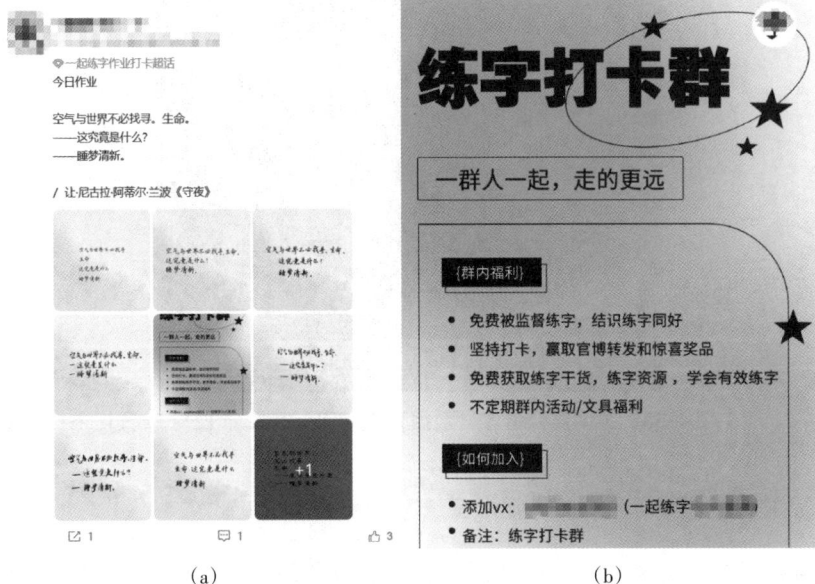

（a）　　　　　　　　　　　　（b）

图4-40　微博广告推广

（三）话题营销推广引流

一般来说，微博用户在打开微博之后，大多会先选择微博里那些有趣的内容来浏览，再查看热门话题。而话题营销推广，就是利用这些热门话题进行。对新媒体从业人员而言，话题营销可以更好地抓住用户的习惯，生产出对用户更具吸引力的内容，从而更有效地进行借势推广。

【案例4-3】 微博精华内容引流。

编辑微博时使用高质量图文结合的方式，会使内容更饱满，更能达到引流的效果。图文排版的技巧具体如下。

（1）不同类型的文章风格需要不同的字体表达。比如，古诗词与手写体、微软雅黑、黑体的风格就不统一，会导致画面不协调，如图4-41所示。

图4-41 图文结合错误案例

（2）同一画面的字体种类不宜过多，一般不超过三种。如需要变换，应尽量采用同一系列字体，如图4-42所示。例如，同时使用叶根友毛笔行书简体、叶根友毛笔特色简体、叶根友刀锋黑草这三种同一系列的字体，画面看起来相对会更统一。

字体列表一

第一版叶根友字体

创作日期	字体名称	作 者	字体类型	备 注
2007年7月	叶根友空心简体	叶根友	空心字	叶根友字体系列第一套字体
2007年8月	叶根友钢笔行书简体	叶根友	硬笔行书	钢笔行书风格字体
2007年8月	叶根友毛笔特色简体	叶根友	手写毛笔	有隶书风格的手写字体
2007年9月	叶根友风帆简体	叶根友	手写毛笔	有如帆船造型的字体
2007年9月	叶根友特隶简体	叶根友	软笔字体	用日本小狼毫笔书写的字体
2007年9	叶根友特色空心字体	叶根友	空心字	在毛笔特色基础上延伸
2007年11月	叶根友毛笔行书简体	叶根友	毛笔手写	一套传统的毛笔行书字体
2008年2月	叶根友行书（繁）	叶根友	手写毛笔	字体圆润饱满的风格字体
2008年4月	叶根友签名体	叶根友	签名字体	一套很受人喜爱的签名字体，很多网友用其参考自己的签名风格

字体列表二

第二版叶根友字体

创作日期	字体名称	作者	字体类型	备 注
2008年6月	叶根友奥运字体	叶根友	图形字体	一套纪念2008年奥运的字体
2008年8月	叶根友特楷简体	叶根友	毛笔楷书	很有风格的楷书字体，看了就知道不是一般人可以完成的
2009年2月	叶根友疾风草书	叶根友	硬笔草书	一套手写草书字体，很拉风的字体
2009年4月	叶根友蚕燕隶书	叶根友	毛笔隶书	一款风格隶书字体

图4-42 叶根友系列字体

（3）同一种字体可以通过调整加粗、颜色、大小、斜体等方式来改变字体样式。需要注意的是，字体颜色尽量不要选择纯黑，适度调节透明度可以使视觉效果更友好。正文建议选择透明度为75%的黑色，注释可以选透明度为50%的黑色，调整后如图4-43所示。

图4-43　图文结合正确案例

【案例4-4】　微博话题引流。

如果新媒体从业人员发现某些用户经常参与"#传统文化#""#非遗文化#""#非遗传承活动#"等此类话题的讨论（如图4-44所示），而新媒体从业人员恰好又是从事文化宣传的，那么就可以通过微博话题去寻找客户，积极参与此类话题，得到更多评论、点赞和转发，在适当的时候让用户添加自己的微信，进行更深层次的交流。

图4-44　非遗话题讨论

另外，新媒体从业人员可以在热门话题中发布相关内容的帖子，如图4-45所示。

需要注意的是，内容要有吸引力，应满足话题里活跃用户的需求。因为话题需要添加关注才能发帖，所以新媒体从业人员在发帖之前要先对其进行关注。例如，可以在微博中搜索与非遗相关的话题，然后选择其中的热门话题进行发帖，以便进行引流。

图 4-45 非遗话题发帖

三、其他新媒体引流平台

（一）微信引流

微信平台是新媒体从业人员必争的流量入口之一。这不仅是因为微信拥有众多用户，更是因为微信中提供了多种推广渠道。如果新媒体从业人员营销得当，便可轻松地获得一定的流量。

1.朋友圈引流

新媒体从业人员可以利用微信朋友圈的强大社交功能为自己的微信公众号"吸粉引流"。微信朋友圈的强大主要表现在两个方面，即新媒体从业人员本身微信朋友圈的影响力，以及微信朋友圈用户的分享和高效传播能力。

值得注意的是，新媒体从业人员在用微信朋友圈引流时，要推送有价值的内容。只有能够给用户提供有价值的内容，才会引起用户的最终关注，用户才会对内容进行转载和评论，并关注感兴趣的微信公众号，最终达到引流的目的。

如图 4-46 所示就是利用微信朋友圈转发的微信公众号文章。

图4-46 利用微信朋友圈转发引流

另外，测试链接引流法是一种高效的引流策略，通过巧妙利用微信朋友圈的人际关系和受众的好奇心理，实现品牌或信息的快速扩散。其核心要点在于抓住受众的兴趣点，用充满吸引力的字眼激发他们点击和关注的欲望。

如图4-47所示，就是一个分享在微信朋友圈的测试链接动态。

图4-47 分享在微信朋友圈的测试链接动态

2. 摇一摇引流

微信的"摇一摇"功能强大。人们通过"摇一摇"功能可以交到很多新朋友。其实，微信公众平台也有类似功能，被称为"摇一摇周边"。新媒体从业人员同样可以利用微信公众平台的"摇一摇周边"进行引流，它的具体开通方法如下。

首先登录微信公众平台后台，点击"添加功能插件"按钮，如图4-48所示。

图4-48 点击"添加功能插件"按钮

然后进入"添加功能插件"页面，找到"摇一摇周边"功能并点击，以进入相应页面，如图4-49所示。

图4-49 找到"摇一摇周边"并点击

最后利用已绑定周边商户的微信扫描页面中的二维码，即可授权登录。

"摇一摇周边"有很多典型的应用场景。例如，商超零售，精准定位引流；餐饮，在线点单支付、附近优惠等；广告，多屏互动，信息精准送达；赛事和演出，分享实时信息；展览和会议，有效资讯和服务；博物馆和景区，在线购票、定点讲解。

3. 漂流瓶引流

在新媒体引流中，可以使用"漂流瓶"对个人微信号进行引流，这也同样适用于微信公众号的引流。"漂流瓶"的最大优点是能够将信息传达给他人，虽然无法精准定位用户，但新媒体从业人员可以注册多个微信号，然后在"漂流瓶"里写上企业的微信公众号，利用"漂流瓶"将企业的微信公众号推广出去。

4. 发红包引流

"红包"在近年来相当火爆，微信红包功能的出现瞬间引爆了微信群，这便给新媒体从业人员提供了一招绝妙的引流方法，具体操作方法如下。

使用微信的"发起群聊"功能邀请好友并发起群聊（群聊名字可以自行编辑），如图4-50所示。

图4-50　发起群聊界面　　　　图4-51　发红包推广微信公众号

然后在群里发一个红包，让朋友邀请其他需要进群的朋友，以达到推广微信公众号的目的，如图4-51所示。

微信功能很多，除了以上几种方式，还有小程序引流、大号互推广引流、征稿大赛引流、线上微课引流、二维码引流、个人名片引流等。

【案例4-5】 微信引流。

如图4-52所示，"文化莞家"微信公众号为东莞非遗购物节活动发文，并取得非常好的宣传效果。这一推文在文末特意将该活动小程序的二维码列出，如图4-53所示。该活动借助于"文化莞家"公众号的庞大用户群体，通过小程序扫码加公众号推广，获得了巨大的成功，不仅知名度快速上升，更在短期内获得了大量的粉丝。同时，热爱传统文化的朋友也关注了该公众号，从而达到"吸粉"的效果。

(a)	(b)

图4-52 "文化莞家"微信公众号推文内容

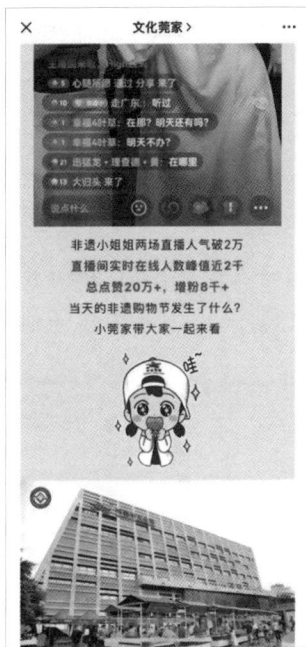

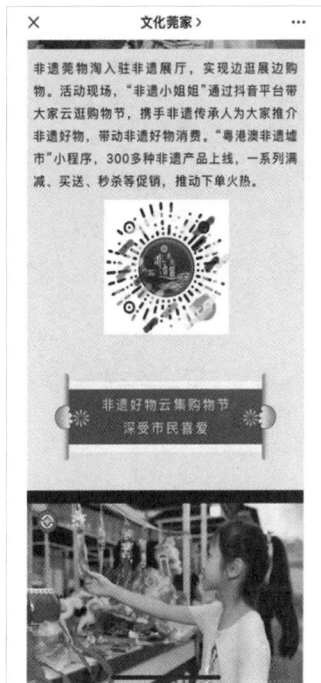

图4-53 小程序二维码

因为微信是大多数新媒体从业人员比较常用的推广平台，所以用户可能每天都会在微信上面看到大量推广信息。因此，新媒体从业人员在进行微信引流时，不仅要把握推广次数，还要注重推广质量。毕竟只有能被用户记住，才算得上是成功的推广。

（二）QQ引流

作为最早的社交媒体平台，QQ的资源优势和底蕴，以及庞大的用户群，都是必须巩固的前沿阵地。用QQ引流的关键之处是获得他人的信任，在虚拟社交网络中，有信任才能有更好的推广效果。

1. QQ个性签名引流

首先需要调出QQ的详细资料卡，点击"编辑个性签名"，如图4-54所示。进入"编辑个性签名"界面，可以编辑或修改个性签名的内容，如想宣传微信公众号，可以输入微信公众号的账号名称。编辑完成，点击"发布签名"按钮，即可完成QQ个性签名引流，如图4-55所示。

图 4-54　点击"编辑个性签名"

图 4-55　发布个性签名

2. QQ群引流

QQ群中有许多社群,社群成员经常聚在一起讨论某些共同话题。比如,在摄影群里可以发布这样一段内容:朋友们,我今天关注了一个微信公众号,里面有篇文章写得很好,是关于如何拍摄人像的,有兴趣的一定不要错过。

如何查找、申请加入QQ群呢?下面以摄影类QQ群为例进行讲解。首先点击QQ界面右上角的"添加"按钮(如图4-56所示),进入"添加"界面。然后在图4-57所示页面中点击"找群"按钮。

图 4-56　点击"添加"按钮

图 4-57　点击"找群"按钮

进入"找群"选项卡界面，点击"兴趣"按钮（如图4-58所示），进入"群分类"界面，再点击"摄影"选项（如图4-59所示）。

图4-58　点击"兴趣"按钮　　　　　　图4-59　点击"摄影"选项

选择一个摄影群，进入相应界面，点击"申请加群"按钮（如图4-60所示），即可申请加入QQ群。

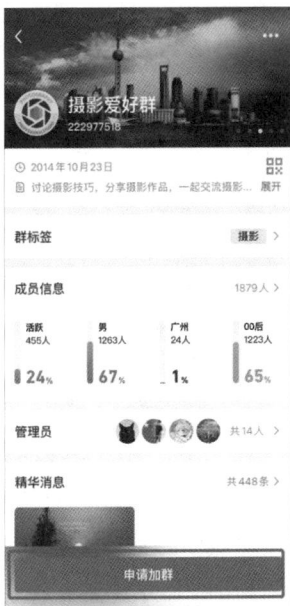

图4-60　点击"申请加群"按钮

QQ推广的方法还有很多，如QQ空间、QQ部落、QQ游戏等。

（三）百度引流

百度引流就是借助百度的各种产品进行推广引流。作为中国网民最常用且影响力最大的搜索引擎之一，百度毫无悬念地成了互联网PC端最强的流量入口。如果新媒体从业人员能够利用好这一平台，便可以通过该社交媒体平台收获到数量可观的目标用户。

具体来说，百度推广引流主要可从百科、知道两个平台切入。

1. 百科平台推广引流

在互联网上，新媒体从业人员可以借助百科平台进行营销，将推广内容的相关信息通过百科传递给用户，方便用户形成对产品的认知，达到引流的目的。百科词条是百科营销的主要载体，做好百科词条的编辑工作对推广营销至关重要。百科平台的词条信息有多种分类，但对于推广营销而言，最为合适的词条形式无疑是产品百科。

2. 知道平台推广引流

百度知道平台在网络营销运营上具有很好的信息传播和推广引流作用。利用百度知道平台，通过问答的社交形式，对新媒体从业人员快速、精准地定位客户有很大帮助。百度知道平台在推广引流上具有两大优势，即精准度高和可信度高。

除此之外，新媒体从业人员可以了解今日头条、一点资讯、知乎、搜狐、大鱼号、百家号、网易媒体、爱微帮、简书、猎云网、派代网、品途网、思达派、速途网、虎嗅网等平台，学习如何通过这些平台引流。

【案例4-6】 QQ群引流。

现在QQ群有许多热门分类，新媒体从业人员可以通过查找同类群的方式加入。进群之后，不要急着推广内容，可以在适当时机进行分享。

例如，首先以国画兴趣爱好者的身份加入国画交流群，经常参与群聊的讨论。然后在适当的时候以第三方的身份分享自己的作品，或者分享自己的心得体会，推荐微信公众号和微博等平台的链接，如图4-61所示。注意：在QQ群推广的过程中，应将广告尽可能地进行软化，否则很可能因为广告痕迹太重而被群管理员移出群。

图4-61 QQ群引流示例

扩展探索 >>>

1.以图文结合的形式，选取一项非遗文化传承活动，并为其设计一幅宣传图。

2.结合所学知识，思考非遗文化微博账号引流的方法。

3.完成微信、QQ平台的账号注册或登录，并根据所学内容完成非遗文化传承活动的引流。

项目五　新媒体摄影与摄像基础

本项目共有三个任务。任务一，认识新媒体摄影摄像中常用的拍摄器材，如单反相机、三脚架、蓝牙遥控器、补光灯及电容麦等。任务二，学习新媒体摄影摄像中常用的拍摄技巧，如掌握光圈、快门等的基本概念，运用摄影构图的基本方法。任务三，使用Adobe Photoshop软件对图片进行后期处理，如图片的精修等。

【知识目标】

了解新媒体摄影摄像中常用的拍摄器材，学习光圈、快门等摄影基本知识。

【能力目标】

掌握新媒体摄影摄像基本技巧，学会运用基本构图方法。

【素质目标】

体会新媒体创作的乐趣，提升审美技巧，培养发现美、欣赏美的能力。

【知识链接】

（1）摄影三要素：光圈、快门、感光度。一张照片的曝光主要由快门、光圈、感光度（ISO）三个参数共同决定。照片的本质是真实世界某一个时刻、某一个角落、某一个主体的光影定格，因此，进光量和底片对光线的敏感度决定了最终曝光的效果。若进光量过多或感光元件过于敏感，则照片看起来很亮、泛白，也就是曝光过度；若进光量过少或感光元件不够敏感，则照片看起来暗黑，也就是曝光不足。

（2）快门：快门越快，进光量越少；快门越慢，进光量越多。因为快门的单位是秒，所以快门的数值"1/100""1/50""1""30"都是指多少秒。那么曝光1/30秒和30秒哪个进光量更多呢？如果区分有困难，可以把眼睛闭上，1/30秒的快门相当于快速眨了一下眼睛，是不是很难看清眼前的事物？而60秒的快门就相当于一直瞪着面前的事物看，是不是就清楚多了？

（3）光圈：光圈越大，进光量越多；光圈越小，进光量越少。F值指光圈数值，它是由一系列复杂的光学算法计算出来的。F后的数值越小，代表光圈越大。例如，F1.2的光圈比F8的光圈大。

（4）感光度：感光度越高，对光线越敏感；感光度越低，对光线越不敏感。感光度这个概念来自胶片时代，不同类型的胶片对光线的敏感程度不一样，在数码时代也沿用了这个做法。

任务一　新媒体拍摄器材

对于新媒体从业人员来说，选择合适且性价比高的摄影器材有着重要的意义。这就意味着我们要选择适当的器材满足实际工作中的需求，不同类型的新媒体从业人员需要选择的器材也有所不同。

一、单反相机或手机

（一）单反相机与摄影机

单反相机、摄影机及微单相机等都是专业摄影器材。

单反相机是单镜头反光式照相机的简称。其机身只使用单个镜头，机身内配备像镜子一样反光并且可以翻动的装置——反光板，它能将来自相机镜头的光线反射到机身上部的光学取景器中，用以观察场景、取景构图。而微单相机在单反相机的基础上进行了改良，将传统单反相机的机型缩小，具备轻便易携带的特点。

与单反相机相比，传统摄影机使用连续快门，在动态胶片上记录信息。摄影机俗称摄像机，它依靠单次快门在存储介质上记录单帧图像，是为电影应用开发的。

单反相机由于体积大、质量重，因此较少被短视频博主采用。较多短视频博主会选择微单相机进行拍摄。微单相机与普通单反相机相比，机身更小，操作更简单，同等配置下，价格也更加便宜。但是微单相机与普通单反相机相比，也有一些缺点，如易发热、续航差等。单反相机与微单相机的体积对比如图5-1所示。

图5-1　单反相机（左）与微单相机（右）的体积对比图

（二）手机

手机作为摄影摄像界的后起之秀，随着其感光元件的不断发展，结合其方便易携带、简单易操作的特点，已经获得越来越多新媒体从业人员的青睐，其使用也日益广泛。

二、其他常用摄影器材

在进行照片及短视频拍摄时，新媒体工作者除了用到单反相机或手机之外，还经常用到一些其他器材作为搭配工具，下面将对这些器材进行具体阐述。

（一）三脚架

三脚架是用来稳定拍摄设备的一种支撑架。其轻便易携带，拍摄时使用三脚架，能增加稳定性，提高成像质量。新媒体从业人员可以选择既能用于相机，也能用于手机的三脚架，如图5-2所示。市面上三脚架的种类和品牌较多，新媒体从业人员可以根据自己的需求进行选择。

图5-2　三角架

（二）蓝牙遥控器

蓝牙遥控器是一种可以远程操作摄影器材的工具。拍摄者在录制视频（尤其是自拍）时，频繁点击摄影器材是一件很麻烦的事情，此时可以通过蓝牙遥控器对手机进行操作。市面上蓝牙控制器的种类和品牌也比较多，新媒体从业人员可以根据自己的需求进行选择，如图5-3所示。

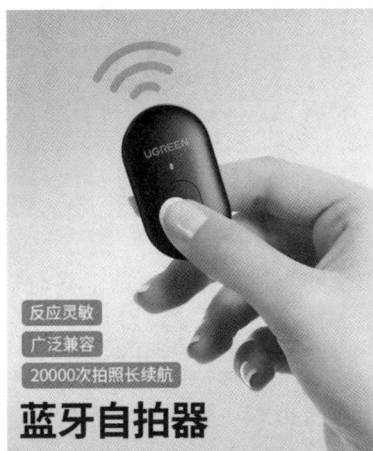

图5-3　蓝牙遥控器

（三）补光灯

补光灯能够在光照不足的情况下对拍摄环境进行补光。在使用手机拍摄视频时，不管是在室外还是室内，都可能出现亮度不够的情况，这时可以使用外置的补光灯。而迷你补光灯可以夹在手机上，操作非常方便，如图5-4所示。

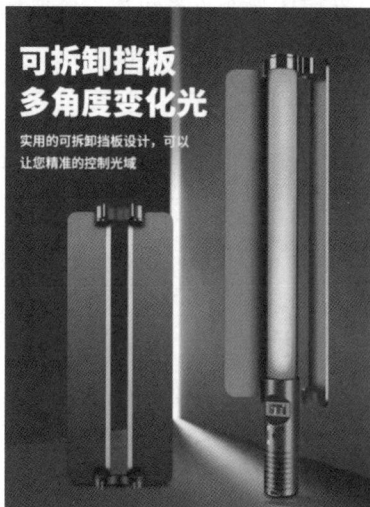

图5-4　补光灯

（四）电容麦

电容麦克风也叫电容话筒，连接在拍摄器材上，可提高收音质量，如果对录音的品质有更高追求，建议采用电容表，如图5-5所示。

图5-5　电容麦

（五）稳定器

稳定器可以连接手机或单反相机进行摄影，用于移动拍摄，可以增加拍摄时的稳定性，避免画面抖动。

（六）无人机

本任务所谓无人机，是指具有摄影功能，利用无线电遥控设备和自备的程序控制装置操纵的不载人飞机。适用于有航拍需求的新媒体从业人员。通过无人机，可以拍摄景观鸟瞰的场景和平时视角看不到的情景。

（七）静物台

静物台是一种用于静物拍摄的器材。很多博主为了在短视频平台展示商品以达到宣传的目的，将被拍摄物体置于静物台拍摄，可以提升物品的观感。而静物台的背景是纯色的，也方便了后期进行图片处理。

扩展探索 >>>

1. 请你选择一个最近网购商品的商品主题，分析其可能用到的拍摄器材。
2. 请你选择一个喜欢的抖音短视频，分析其可能用到的拍摄器材。
3. 分别分析宠物博主、旅行博主、美妆博主可能用到的不同拍摄器材。

任务二 新媒体拍摄技术

新媒体拍摄主要包括摄影和摄像两个方面，而摄影是摄像的基础。不少新媒体短视频是由许多摄影作品组合而成的，因此，要做好新媒体短视频拍摄，应该掌握一定的摄影技巧。本任务将介绍关于单反相机、微单相机和手机的一些摄影基础知识。

一、单反相机及微单相机的摄影基础知识

（一）单反相机与微单相机

单反相机的感光元件尺寸较大，所以成像质量较高。由于单反相机有体积大、质量重、不方便携带的特点，因此，微单相机应运而生。微单相机通常被称为无反相机，因为它不使用反光镜，而是通过电子取景器或LCD屏幕预览图像。微单相机体积较小、易于携带。总的来说，同档次的单反相机的成像要略好于微单相机，但是微单相机由于方便易携带的特点，广受欢迎。

（二）正确的持机姿势

使用单反相机拍照时，要通过身体保持相机的稳定性。因此，正确的持机姿势是一手持相机拨动轮盘、调整参数、按快门；另一只手托住镜头，保持镜头的稳定性。横构图拍摄姿势如图5-6所示，纵构图拍摄姿势如图5-7所示。

图5-6 横构图拍摄姿势

图5-7 纵构图拍摄姿势

（三）摄影的曝光与焦距

对于摄影新手来说，除了要掌握正确的摄影姿势之外，还要学习如何设置照片的曝光、选取摄影的焦距，只有这样才能更好地掌握单反相机或微单相机的使用技巧。

1. 曝光

（1）曝光的定义。曝光是指在摄影的过程中，光进入镜头并照射在感光元件上的量，由光圈、快门、感光度三者共同控制。一张照片的曝光决定了照片的亮度。图5-8为过度曝光拍摄效果，图5-9为曝光不足拍摄效果。

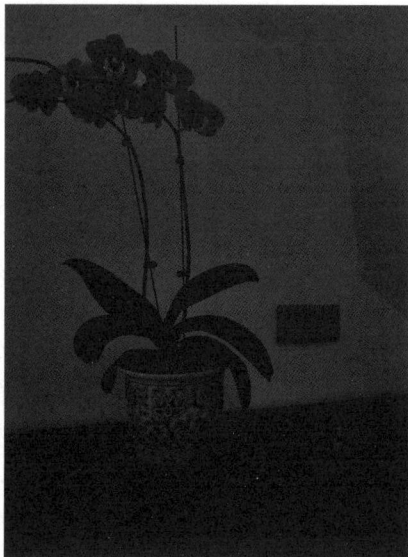

图5-8　过度曝光拍摄效果　　　　图5-9　曝光不足拍摄效果

（2）光圈的定义与设置。镜头内部有一个小孔，当调整光圈值时，孔的大小会随之变化，这就是光圈。光圈表示为F，F后的数字代表光圈大小。需要特别注意的是，F后的数字越小，光圈越大，进光量越多；反之，F后的数字越大，光圈越小，进光量越少。大于F2.8的光圈是一般意义上的大光圈。图5-10展示了不同光圈数值表示的光圈大小。

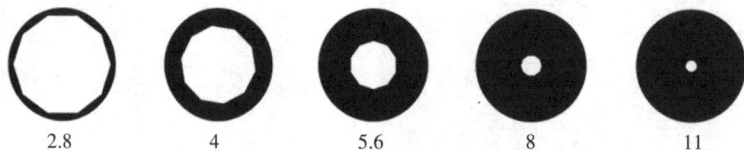

2.8　　　　　4　　　　　5.6　　　　　8　　　　　11

图5-10　光圈的大小与数值

在相机中，将轮盘拨至"A"挡——光圈优先模式，则可以通过左右拨动拨盘设置光圈的大小，如图5-11所示。

图5-11 设置光圈

（3）大光圈与小光圈的摄影效果。景深是指被拍摄的清晰的物体前后距离。所谓"大特写"，即主体特别清晰而背景特别模糊的照片，这是小景深。光圈越大，景深越小，因此用大光圈拍照，可得到小景深带来的美丽的背景虚化效果，如图5-12所示。

图5-12 大光圈、小景深

使用小光圈拍照，可以获得大景深。大景深意味着所摄物体的前后距离较大，可以突出较远的物体。如图5-13所示，为了突出远处两个人物的背影，需要获得大景深，因此采用了小光圈进行摄影。

图5-13　小光圈、大景深

（4）快门的定义与设置。快门是单反相机内控制光进入相机的一套组件，而平时所谓"快门按钮"，仅仅是触发这一套组件的一个按钮。因此，可以通过调节光通过快门的时间来控制照片的曝光量。快门时间越长，曝光越强；快门时间越短，曝光越弱。

在相机中，将轮盘拨至"S"挡——快门优先模式，则可以通过左右拨动拨盘设置快门的大小，如图5-14所示。

图5-14　设置快门

（5）"慢门"与"快门"的摄影效果。为了进一步区分，暂且将快门的时间长短分成"慢门"和"快门"。

在摄影中，"慢门"指光通过快门装置的时间很长，如长达数秒。运用"慢门"进行摄影，可以产生车水马龙、流光溢彩的效果。图5-15是快门时间长达10秒拍摄的一张作品。在该作品中，车流经过的灯光在长时间的快门记录下变成一条条穿梭的光柱，这便是"慢门"摄影的魅力。

图5-15 "慢门"拍摄效果

有时候拍摄者需要抓拍物体运动的瞬间，如水花飞溅的刹那。这时，就需要使用极短的快门时间。图5-16是快门时间为1/1000秒拍摄的一张作品。在快门时间很短的情况下，海岸水波涌动、女孩发丝飘起的瞬间形态被清晰地记录了下来。

图5-16 "快门"拍摄效果

（6）感光度的定义、特点、设置。感光度（ISO）是指相机对光的敏感程度。目前，大部分单反相机的感光度为ISO100至ISO6400。感光度越小，相机对光线的敏感度越小，但是画质的精度越好；感光度越高，相机对光的敏感度越大，但是画质的噪点也会随之增大。

一般来说，在室外光照充足的情况下，应降低相机的感光度，提高画质的精度。在室内光照不足的情况下，应将感光度相应提高。同时，添加外置闪光灯，可以相对调低相机的感光度，保证画质的精度。

在相机中，按住"ISO"按钮不放，转动主指令拨盘即可调节感光度。

2. 焦距与镜头

（1）焦距的定义。镜头的焦距一般用数字表示，以 mm 为单位。数字越小，意味着镜头的焦距越短；数字越大，意味着焦距越长。焦距越短，视野越广；焦距越长，视野越远。

（2）调整焦距的方法。变焦镜头结构如图 5-17 所示。如果使用变焦镜头，在手持相机的过程中，左手托住镜头的同时旋转变焦环，即可调整焦距。如果使用定焦镜头，则不可调整焦距。

图 5-17　变焦镜头结构

（3）对焦方法。单反相机有自动对焦和手动对焦两种模式。自动对焦即将相机镜头的对焦模式调至自动对焦（AF）挡，调整好焦距后，半按快门，即可实现自动对焦。手动对焦即将相机镜头的对焦模式调至手动对焦（MF）挡，调整好焦距，然后手动转动对焦环，即可实现手动对焦。自动对焦与手动对焦如图 5-18 所示。

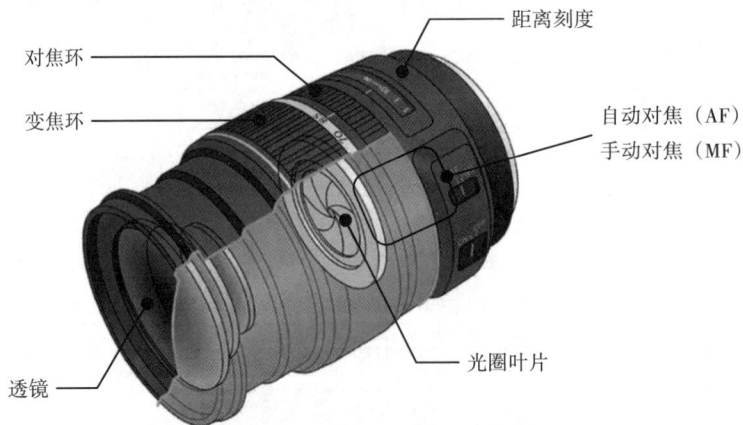

图 5-18　自动对焦与手动对焦

（4）焦段与镜头。10～35 mm的镜头称为广角镜头，其中24 mm以下的镜头被称为超广角镜头。图5-19为采用超广角镜头拍摄的极具表现力的风景照。

图5-19　超广角镜头拍摄

35～135 mm的镜头称为中焦镜头，适合拍摄的题材较多，尤其适合人像、静物的拍摄。图5-20为中焦镜头拍摄的作品。

图5-20　中焦镜头拍摄

　　焦段135 mm以上的镜头称为长焦镜头。长焦镜头能拍摄极远处的物体。图5-21为用长焦镜头拍摄的月球。

图5-21　长焦镜头拍摄

二、手机摄影的特殊功能

　　在手机摄影中，焦距与曝光的应用与使用单反相机摄影时基本相同。下面主要介绍三种手机摄影的特殊功能。

（一）大光圈拍摄

　　随着科技的发展，绝大部分智能手机能够拍摄出背景虚化的效果，即大光圈拍摄。如图5-22所示，采用大光圈拍摄，使主题更加突出，背景更加模糊，画面具有层次感。

图5-22　大光圈拍摄静物图

（二）"广角"模式

采用手机的"广角"模式进行拍摄，可以使风景具有表现力。图 5-23 为使用手机"广角"模式拍摄的风景照。

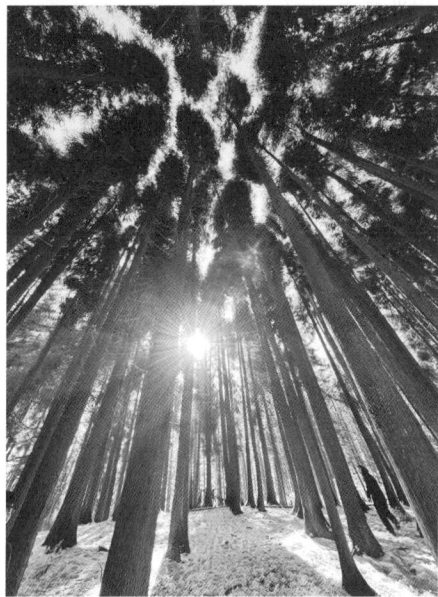

图 5-23 "广角"模式拍摄的风景照

（三）"夜景"模式

当拍摄夜景或光照比较暗的景物时，手机将自动启动"夜景"拍摄模式。但是手机在"夜景"模式下的感光度会变高，画面噪点也会变大。图 5-24 为手机启用了"夜景"模式拍摄的照片，可以看出画面的噪点比较大。

图 5-24 手机"夜景"模式拍摄的照片

三、摄影基本构图

在新媒体摄影中，好的构图能让平凡的事物呈现出不一样的美，而糟糕的构图很难吸引大众的关注，也难以达到引流的效果。下面介绍四种常见的构图技巧。

（一）井字构图

井字构图也叫三分法构图，是常见的构图方法。井字构图即将画面用两条竖线和两条横线进行分割，得到4个交叉点。拍摄时，应将拍摄的主体置于4个交叉点中的任意一点上。图5-25为采用井字构图拍摄的照片。

(a)

(b)

图5-25 采用井字构图拍摄的照片

（二）中心点构图

画面的中心是人们视线的第一落脚点，将照片的主体放在画面的中心点上，既符合视觉原理，也满足人们的心理预期。如图5-26所示，采用中心点构图，将聚焦点放在中心的涟漪处，表现出静谧之感。

图5-26 采用中心点构图拍摄的照片

（三）对角线构图

对角线构图能避免画面过于呆板，使画面具有延伸感。图5-27为采用对角线构图拍摄的照片。

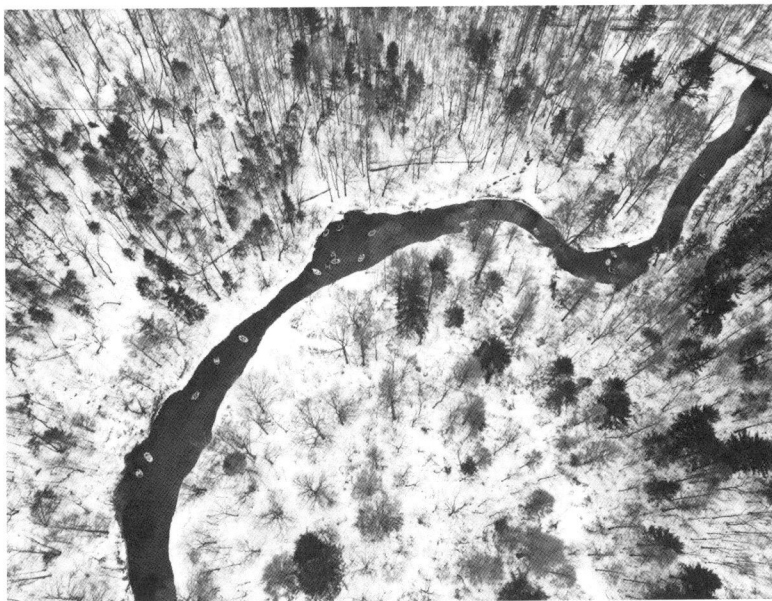

图5-27 采用对角线构图拍摄的照片

（四）留白构图

留白构图是指在摄影中大面积地留出空白。留白构图具有简洁的美感，备受当下年轻人喜爱。图5-28为采用留白构图拍摄的照片。

图5-28　采用留白构图拍摄的照片

扩展探索 >>>

1. 请你使用大光圈拍摄一张特写照片。
2. 请你使用"慢门"拍摄一张夜景下马路上"车水马龙、流光溢彩"的照片。
3. 请你分别使用井字构图、对角线构图、留白构图技巧拍摄三张风景照或人物照。

任务三　图片后期处理

拍摄完图片，需对图片进行一些后期处理。下面用两个图片处理的案例，分别讲述图片的二次构图后期处理及人物的精修处理。

一、二次构图后期处理

图5-29所示照片的优点是能够抓拍到人物运动的精彩瞬间，但缺点是其构图在视觉上不够完美，且图片的亮度不够。下面运用Adobe Photoshop软件对图5-29进行处理，做进一步的优化。

（1）将图5-29导入Adobe Photoshop软件。

图5-29 导入学校工会活动照片

（2）运用"裁剪工具"，将图片裁剪到合适尺寸，如图5-30所示。

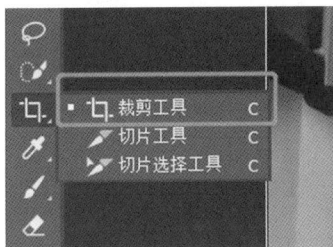

图5-30 用"裁剪工具"裁剪图片

（3）运用"三等分"对图片进行二次构图，如图5-31所示。

图5-31 用"三等分"进行二次构图

（4）将图片的主体置于画面的焦点处（即约三分之一的位置），如图5-32所示。

图5-32　将图片的主体置于画面的焦点处

（5）点击"编辑"菜单→"变换"→"旋转"（如图5-33所示），调整画面，使画面在视觉上达到均衡的效果，呈现平稳构图。

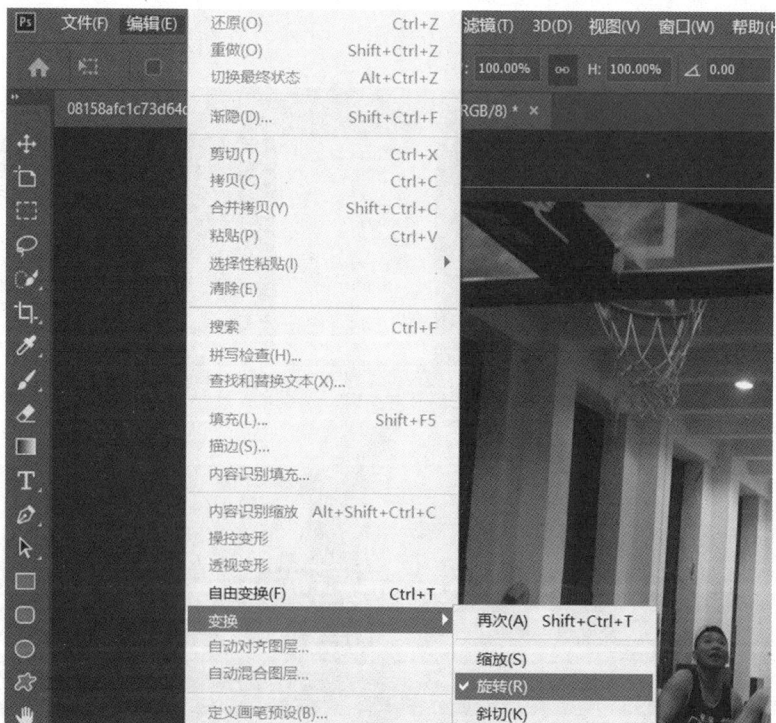

图5-33　点击"编辑"菜单→"变换"→"旋转"

（6）裁剪后的效果如图5-34所示。为使图5-34中横向箭头的位置在视觉上达到水平状态，可以将视觉上的焦点汇聚到篮球的位置。

图5-34　裁剪后的效果图

（7）因为前面操作过程中对图片进行了旋转及角度上的微调，所以这张图片的边缘位置出现了留白，因此需要对留白进行处理，如图5-35所示。

图5-35　对图片的留白进行处理

（8）选择需要处理的区域，点击"编辑"菜单→"内容识别填充"，如图5-36所示。具体处理步骤及效果如图5-37和图5-38所示。

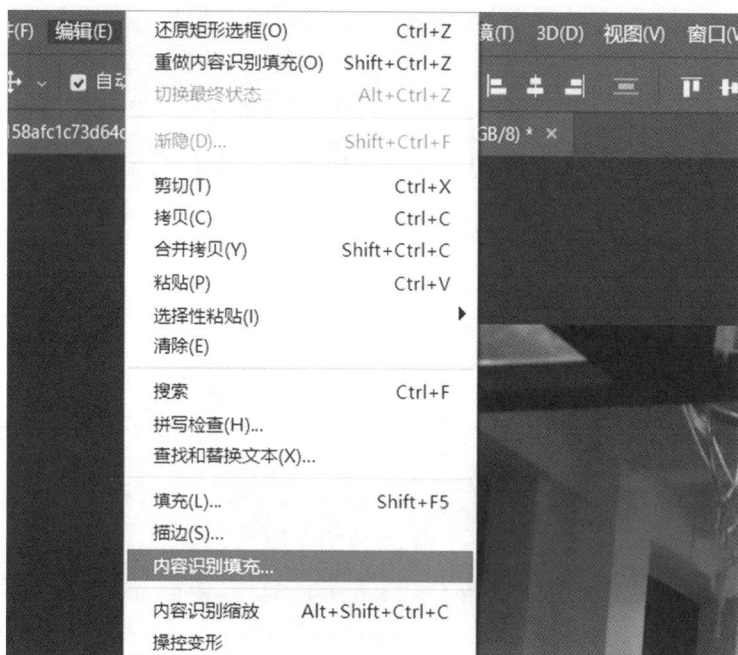

图5-36　点击"编辑"菜单→"内容识别填充"

图5-37　处理步骤

图5-38　处理效果

（9）对图片的饱和度、色彩平衡、色阶等参数进行处理，二次构图最终效果如图5-39所示。

图5-39　二次构图最终效果

二、人物精修处理

图5-40为傣族风格人像照片，画面的背景及人物的服装都有浓厚的民族特色，但是该图片在构图与亮度方面存在一些不足。下面运用Adobe Photoshop软件对图5-40做进一步的优化处理。

（1）将图5-40导入Adobe Photoshop软件。

图5-40　导入傣族服饰人像照片

（2）按"Ctrl+J"组合键复制图层，在新图层中进行编辑，如图5-41所示。

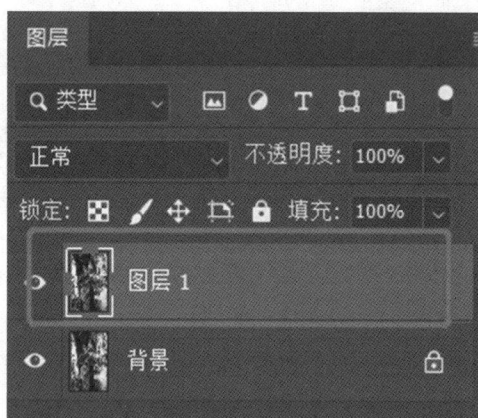

图5-41　复制图层

（3）点击"滤镜"菜单→"液化"，如图5-42所示。

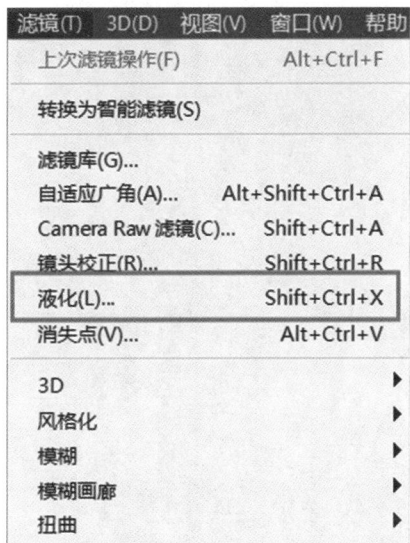

图5-42　点击"滤镜"菜单→"液化"

（4）调整画笔大小至合适尺寸（如果画笔尺寸太小，会造成人物边缘缺乏圆滑度），如图5-43所示。

图5-43　调整画笔大小

（5）对图5-44中箭头所指部分进行"往里推"的操作，使人物形象更加纤细苗条。

图5-44　调整人物形象

（6）如图5-45所示，框选相应位置，按"Ctrl+J"组合键进行复制。

图5-45　框选相应位置

（7）切换成英文输入法，输入"Ctrl+T"，按住"Shift"键，将图5-45框选部分纵向拉伸至合适位置，使人物形象看起来更修长，如图5-46所示。

图5-46　拉长人物形象

（8）对图片的饱和度、色彩平衡、色阶等参数进行处理，人物精修最终效果如图5-47所示。

图5-47　人物精修最终效果

扩展探索 >>>

请自行下载相关素材，根据本任务所述内容对某张人物图片进行二次构图，并完成人物精修。

项 目 六　　新媒体视频剪辑入门

本项目共有四个任务。任务一介绍了视频剪辑软件 Adobe Premiere Pro 的基本操作方法；任务二介绍了搭载于手机平台上的视频剪辑应用软件——剪映 App 的基本操作方法；任务三为实践操作环节，要求使用 Adobe Premiere Pro 软件制作城市宣传片；任务四为实践操作环节，要求使用剪映 App 制作毕业纪念册短视频。

【知识目标】

了解导入、导出、时间轴等视频剪辑专业术语。

【能力目标】

掌握视频编辑软件 Adobe Premiere Pro、剪映 App 的基本使用技巧，学会使用这两个软件进行简单的视频剪辑。

【素质目标】

体会视频创作的乐趣，养成善于发现身边好素材、抓拍生活有趣瞬间的习惯，为成为一名专业的短视频创作者打好基础。

【知识链接】

本项目的知识要点是视频剪辑软件的学习。在本项目中，可以学习到 Adobe Premiere Pro、剪映 App 软件的使用方法。

任务一　Adobe Premiere Pro 软件的基本操作方法

Adobe Premiere Pro（PR）是 Adobe 公司旗下的非线性视频编辑软件。通过该软件，人们可以进行视频剪辑、电视包装、广告设计、自媒体制作等。

一、PR 软件编辑模式下的主要面板简介

（一）项目面板

项目面板主要对素材进行存放和管理，如图 6-1 所示。

图6-1　项目面板

（二）时间轴面板

时间轴面板是视频编辑的主要工作区，可进行视频切割与拼接等操作，如图6-2所示。

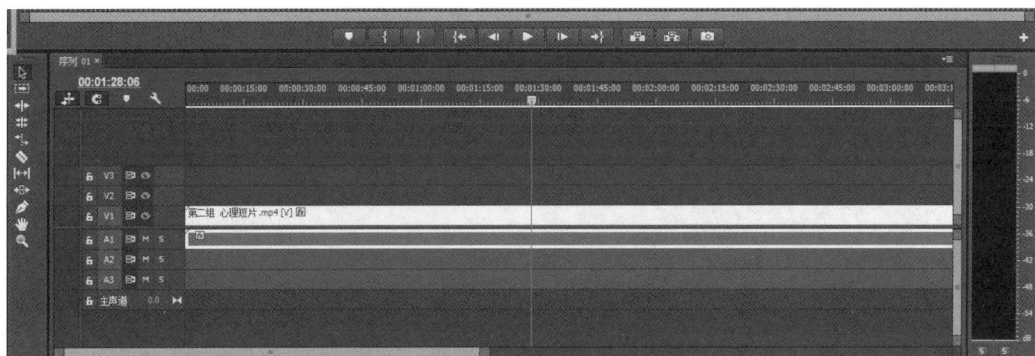

图6-2　时间轴面板

（三）工具栏面板与效果面板

工具栏面板主要有以下三种常用工具（当鼠标移动到相应的工具图标上，会出现相应的工具名称，所以在此不一一赘述工具栏中各工具图标的名称）。

（1）选择工具：用于选择时间轴上的素材文件。

（2）比率拉伸工具：通过拖动素材文件，改变素材文件的速率和长度。

（3）剃刀工具：用于剪切时间轴中的素材，即可以更直观地设置素材的开始时间和结束时间。

"效果面板"的功能主要是设置视频过渡、音频过渡等特效。

图6-3所示界面的左侧为效果面板，方框部分为工具栏。

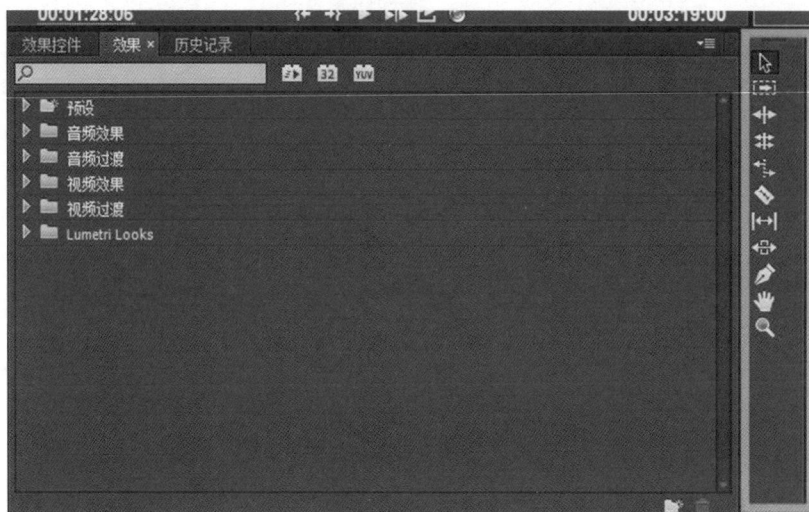

图6-3　工具栏面板与效果面板

（四）效果控件面板

可以在效果面板中调整素材的大小及素材文件上添加的各种效果的参数，同时可以创建动画的关键帧等，如图6-4所示。

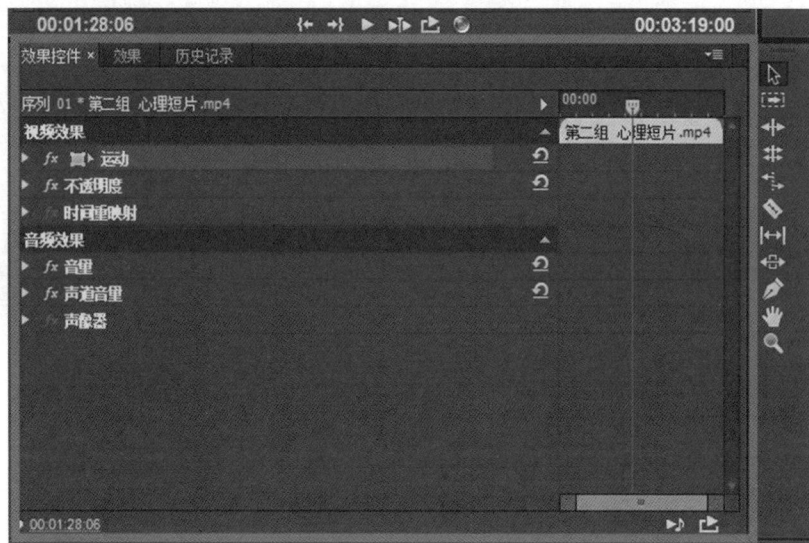

图6-4　效果控件面板

（五）音轨混合器面板

在音轨混合器面板中，可以录制音频素材、混合不同音频轨道及创建音频特效。将音轨混合器面板中某一音轨的"读取"状态改为"写入"状态，即可在此音轨上进行录音，如图6-5所示。

图6-5　音轨混合器面板

（六）面板的显示、隐藏与位置调整

通过"窗口"菜单，可以设置显示出来的面板。点击面板名称左边的"×"，可以隐藏该面板。将鼠标放置在面板的名称上，可以通过移动鼠标来挪动面板的位置。

二、素材的导入与剪辑

使用PR软件进行视频剪辑时，首先应学习如何将需要剪辑的素材导入软件中，以及如何对导入的素材进行简单剪辑等基础操作。

（一）新建项目

项目是包含序列和相关素材的Premiere文件。打开PR软件，在弹出的对话框中选择"新建项目"即可新建一个项目。新建项目后，选择"文件"菜单→"新建"→"序列"命令，即可新建一个序列。一般选择"宽屏32kHz"作为新建序列的参数。

（二）导入素材

在PR软件中，可以将图片、视频、音频等多种形式的素材导入其中，并进行剪辑。

可切换英文输入法，用快捷输入法输入"Ctrl+I"，在弹出的窗口中选择"打开相应文件"，即可完成文件的导入。将导入的素材拖动到时间轴面板上，即可对导入的素材进行编辑。

（三）用PR软件剪辑素材的方法

在单个视频片段中，通常需要先剪切掉一些多余的镜头，再将多个剪切好的视频片段拼接组合在一起，最终结合成所需影片。这个过程称为影片的剪辑。下面介绍一些素材剪辑的基本方法。

1. 切割素材

如图6-6所示,选择"工具栏"中的"剃刀"工具。使用"剃刀"工具点击时间轴上素材中需要切割的时间点,即可完成切割。最后,切换英文输入法,按"Delete"删除键删除多余素材。

图6-6 切割素材

2. 拼接素材

将下一段需要拼接的素材从"项目"面板中拖动至"序列"面板中的时间轴里,新的素材会自动"吸附"在上一段素材的末尾段。

3. PR软件影片剪辑常用快捷键

注意:所有输入法需切换至英文输入法使用。

(1) Home:光标跳至时间轴素材的开头(第一帧)。

(2) End:光标跳至时间轴素材的末尾(最后一帧)。

(3) +:放大素材的视图比例。

(4) -:缩小素材的视图比例。

(四)导出视频

将编辑好的所有音视频素材从PR软件中生成一个完整的视频格式文件(如MP4格式文件等)的过程称为"导出"。PR软件导出素材的方法如下:

在"序列"面板中,用工具栏的"选择"工具选择所有的素材;点击"文件"菜单→"导出"→"媒体",即可完成导出。

在弹出的窗口中，需要选择与导出的视频相应的格式，通常情况下选择"H.264"。在该窗口处，还可以对视频进行重命名及选择视频导出的储存位置。

三、PR软件添加字幕的方法

在PR软件中，可以为视频添加字幕，具体操作方法如下。

（1）在项目面板中单击鼠标右键，选择"新建项目"→"字幕"，如图6-7所示。

图6-7 新建字幕

（2）为新建的字幕素材命名，如"字幕01"，如图6-8所示。

图6-8 为新建的字幕素材命名

（3）为新建的字幕素材命名后，会弹出字幕编辑面板，如图6-9所示。

图6-9　字幕编辑面板

（4）在字幕编辑面板中，可以选择相应的字幕样式，如选择图6-10所示框选的"描黑边的白色字体"。

图6-10　选择字幕样式

（5）在相应位置输入字幕内容，并选择中文字幕字体，如图6-11所示中的"黑体"。

图6-11 编辑字幕内容

（6）如图6-12所示，字幕的位置在画面中底端偏右，而绝大部分视频的字幕是位于画面底端居中的，因此需将鼠标移动到右侧"字幕属性"面板的"X位置"处，调整字幕在视频中的X轴（横向）位置，鼠标左右移动即可调整"X位置"的参数。

图6-12 调整字幕位置

调整后的字幕位置如图6-13所示。

图6-13　调整后的字幕位置

（7）将设置好的字幕素材拖动到时间轴面板，将字幕放在时间轴相应位置（即画面中演员说这句字幕所对应的台词的位置）；选择"工具栏"的"剃刀"工具，将字幕的时间长度与演员说这句台词的时间长度调整至同步，如图6-14所示。

图6-14　调整字幕的时间长度

（8）制作下一条字幕。为了保证所有字幕的样式不变，并且在画面中的位置不变，一般只需要复制第一条字幕并在此基础上修改即可。如图6-15所示，复制并粘贴"字幕01"。由于"字幕02"是由"字幕01"复制粘贴而来的，因此仅修改"字幕02"中的字幕内容即可。如将"美丽中国"改成"昂首阔步走来"，字幕的样式和位置保持不变。

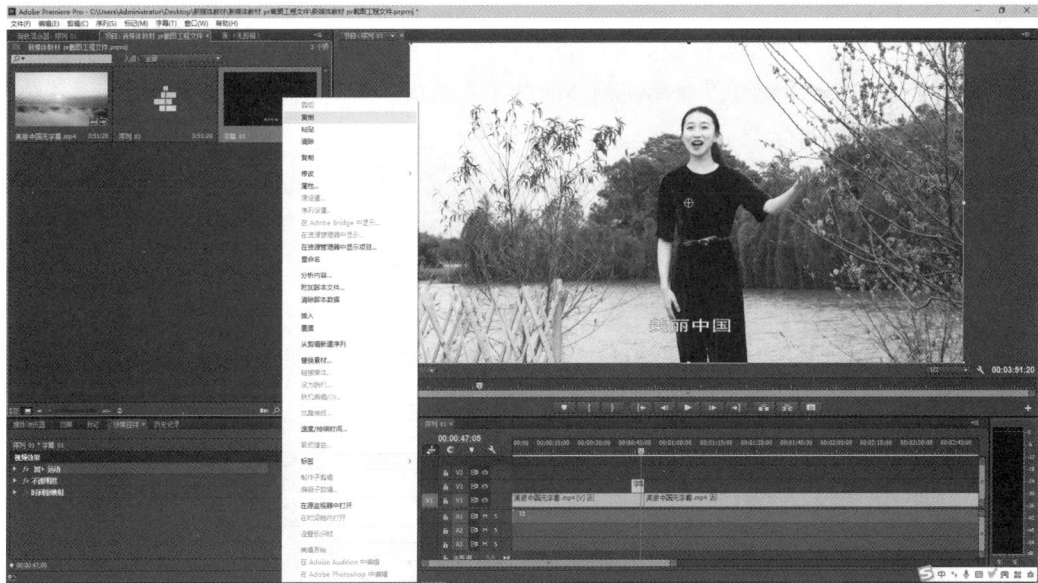

图6-15　复制字幕素材

（9）将"字幕02"的素材移动到时间轴相应的位置，并用"剃刀"工具调整字幕时间长度，如图6-16所示。

图6-16　调整第二条字幕素材

可以按照上述方法，逐句制作视频中其他字幕。当然，随着科技的发展，还可以安装一些插件，自动识别视频中的字幕文本。

四、制作关键帧

在PR软件中，可以在"效果控件"面板中，对"时间轴"面板中的素材添加相应属性的关键帧，制作出相应的动画效果。

下面以"不透明度"关键帧为例，讲解PR软件中关键帧的意义及用法。

"不透明度"关键帧可以变换视频画面的不透明度。换句话说，"不透明度"关键帧可以调节视频的透明度。

下面将通过一个操作案例来讲解如何运用"不透明度"关键帧，实现视频画面从完全不透明至渐渐透明，直至画面消失，从而了解"不透明度"关键帧的意义及运用方法。

（1）使用"选择"工具选择需要设置动画的视频。被选中的视频素材在时间轴中会呈现白色高光的状态。打开效果控件面板，这时效果控件面板处会显示相应的参数。如图6-17所示，点击"不透明度"关键帧左侧三角形按钮，打开"不透明度"关键帧。

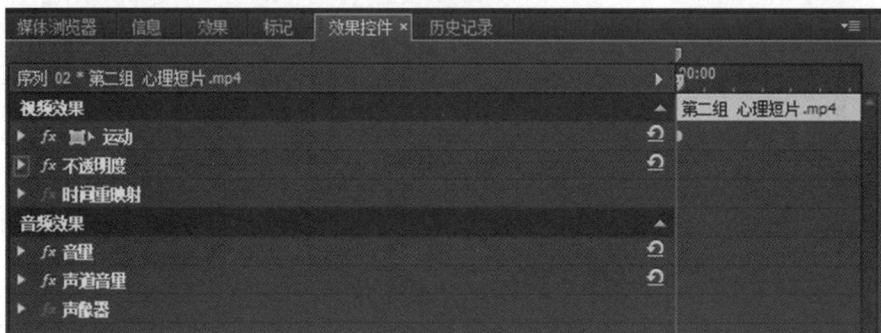

图6-17　打开"不透明度"关键帧

"不透明度"关键帧打开后界面如图6-18所示。

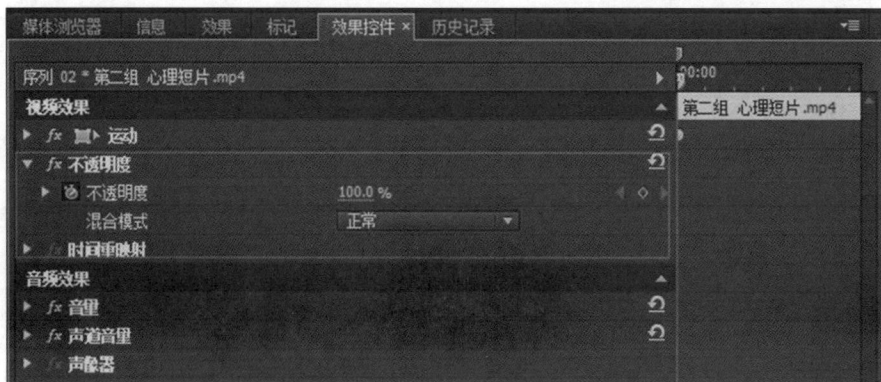

图6-18　"不透明度"关键帧设置界面

（2）在时间轴面板中，将光标移动到要设置动画的视频素材的最前方。如图6-19所示，确认效果控件面板中标号4处，光标的位置是否在素材的最前端。注意：此时标号4处暂时未出现代表关键帧的菱形标志。

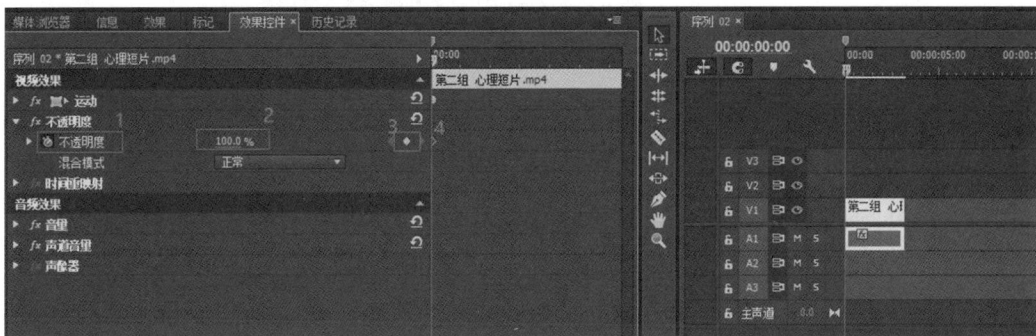

图6-19　设置第一个关键帧参数

先找到"不透明度"（图6-19中标号1处），确认"不透明度"的参数为"100%"（图6-19中标号2处）。再点击图6-19中标号3处四边形，打上关键帧。这时，图6-19中标号4处将出现相应的四边形标志，代表此处出现一个关键帧。

（3）在时间轴面板中，将光标移动到要设置动画的视频素材的结尾处。如图6-20所示，确认效果控件面板中标号4处，光标的位置是否在素材的最末端。注意：此时标号4处也暂时未出现代表关键帧的菱形标志。

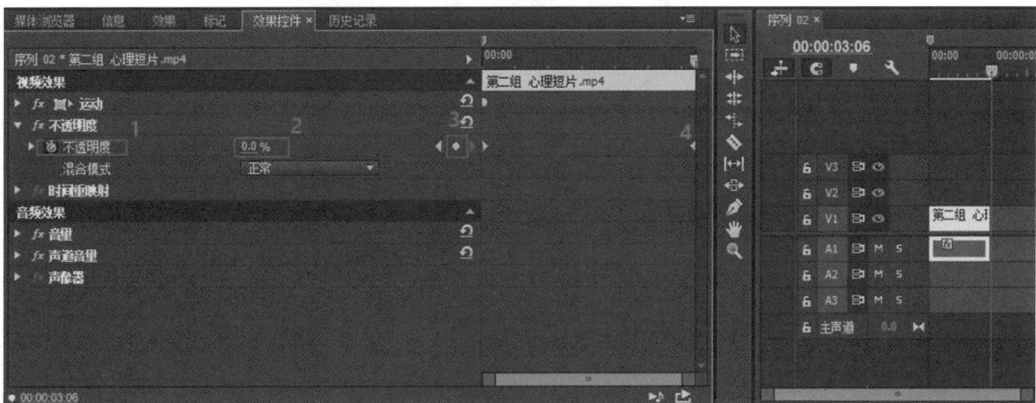

图6-20　设置第二个关键帧参数

先找到"不透明度"（图6-20中标号1处），确认"不透明度"的参数为"0"（图6-20中标号2处）。再点击图6-20中标号3处菱形，打上关键帧。这时，图6-20中标号4处将出现相应的菱形标志，代表此处又出现一个关键帧。

以上详细介绍了如何使用PR软件设置"不透明度"关键帧，希望大家能够举一反三、触类旁通，通过以上案例，总结出更多关键帧的用法。

扩展探索 >>>

请自行下载相关素材，使用PR软件完成城市宣传片的剪辑。

任务二　剪映App的基本操作方法

剪映App是一款视频编辑工具。自2021年2月起，剪映App支持在手机移动端、iPad端、Mac电脑、Windows电脑全终端使用。因此，通过该软件，新媒体从业人员可以随时随地编辑视频素材。

剪映App类似于手机版PR软件，可以实现视频编辑的基本功能，如剪辑视频、配字幕、配背景音乐（BGM）及制作视频特效等。下面简要说明使用剪映App剪辑视频的基本步骤和该软件的相关功能，建议大家在学习PR软件并系统掌握视频剪辑逻辑与基本概念后，再学习此任务。

一、素材导入

要想在剪映App中剪辑视频，首先要将素材导入其中，具体步骤如下。

（1）打开剪映App，点击"开始创作"，如图6-21所示。

图6-21　点击"开始创作"

（2）此时，手机相册图库中的素材会显示在剪映App中，然后选择需要剪辑的素材，点击页面下方的"添加"按钮，即可完成素材的导入，如图6-22所示。

图6-22　导入素材

二、素材剪辑

在导入素材后，剪映App的时间轴处会显示导入的素材。既可以通过拖动素材的"出点"或"入点"来剪切视频，也可以通过下方菜单栏的"剪切工具"来剪切视频，如图6-23所示。

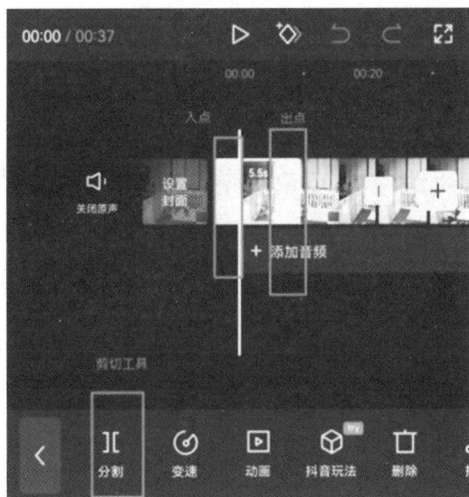

图6-23 剪切视频

三、视频特效

应用剪映App可以实现简单的动画制作、视频变速等特效，具体步骤如下。

（一）变速

（1）选中需要"变速"的素材，点击工具栏中的"变速"工具，如图6-24所示。

图6-24 点击"变速"工具

（2）点击"变速"工具后，在页面下方选择"常规变速"或"曲线变速"，如图6-25所示。

图6-25 "常规变速"和"曲线变速"

常规变速是指对一段视频的播放速度均匀地加快或减慢，如图6-26所示。

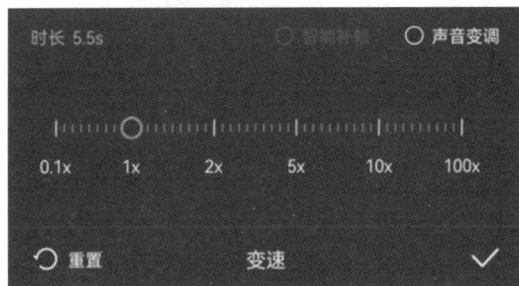

图6-26 常规变速参数设置

曲线变速又叫坡度变速，即视频并非前后一致均匀地变速，而是达到一种"时快时慢"的效果，如图6-27所示。视频的速度曲线，根据背景音乐的节奏添加关键帧，剪辑系统会自动填补差值达到渐变效果。

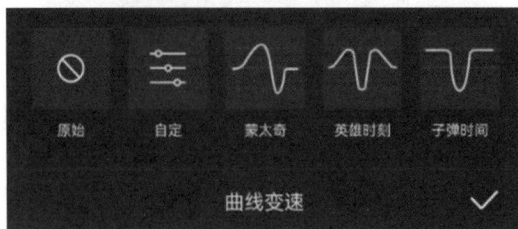

图6-27　曲线变速参数设置

（二）倒放

视频倒放即视频从后往前倒过来播放。通过视频倒放的特效，可以制作"水从杯子中吸回水壶"或"散开的烟花聚拢起来"的视频魔术特效。制作该特效时，先选中需要编辑的素材，将下方工具栏拖动至最右边，再点击"倒放"工具，如图6-28所示。

图6-28　点击"倒放"工具

四、字幕添加

（一）自动识别字幕

剪影App的自动添加字幕功能非常方便。使用这一功能时，系统可以自动识别并生成视频的字幕，编辑者只需要在系统识别出的字幕上稍作修改即可。如图6-29所示，点击工具栏的"文字"→"识别字幕"，即可为视频自动添加字幕。

(a)

(b)

图6-29　点击"文字"→"识别字幕"

（二）动画字幕

还可以使用剪映App制作动画字幕。首先选中软件中需要制作动画效果的文字素材，然后点击工具栏中的"动画"按钮，即可制作动画字幕，如图6-30所示。

图6-30　制作动画字幕

五、视频导出

当完成视频编辑后，需要导出视频。点击剪映App页面上方的"导出"按钮，可以将视频导出；点击"导出"按钮左边的视频清晰度参数按钮，可以选择导出视频的清晰度，如图6-31所示。

图6-31　导出视频

扩展探索 >>>

请自行下载相关素材，使用剪映App完成毕业短片的剪辑。

任务三　使用Adobe Premiere Pro制作东莞市宣传片

本任务要求以"东莞市宣传片"为主题，使用PR软件进行影片剪辑，以进一步熟悉PR软件中的相应功能。

一、剪辑背景

东莞市，简称"莞"，是广东省辖地级市、特大城市，国务院批复确定的珠江三角洲东岸中心城市，地处珠江三角洲东部、东江下游，地理位置优越。东莞市既是广府文化的发祥地之一，也是粤曲的重要发源地之一。改革开放以来，经济文化呈现繁荣趋势，使东莞人民有着强烈的城市自豪感。本任务使用PR软件制作东莞市的宣传片，宣传片分为开头、中部、结尾内容。

二、设置字体与制造遮罩转场

城市宣传片的开头，一般会用较为醒目的字体表明此次宣传的主题，并点明此宣传片所宣传的城市名称；同时，较为夸张的视觉效果更容易吸引观众，而且宣传片的开头可以作为流媒体网站上的封面素材。所以城市宣传片的开头一般需要设置字体和添加较为炫酷的转场，这时可以通过"遮罩"功能使两个素材巧妙拼接在一起。

（一）任务素材确认

制作城市宣传片的开头时，需要使用两段拍摄好的"东莞城市纪录片"素材，以及下载好的字体安装包，如图6-32所示。

东莞城市纪录片素材1 (1)　东莞城市纪录片素材2 (2)　龙魂手书55号字体

图6-32　任务素材

（二）制作步骤详解

（1）使用PR软件新建项目。打开PR软件后，首先需要新建项目与设置序列。注意：应根据素材大小设置序列。一般来说，希望导出的视频素材为多大的分辨率，就以此来设置序列的大小。通常，1920×1080是市面上较为常见的视频格式。序列设置界面如图6-33所示。

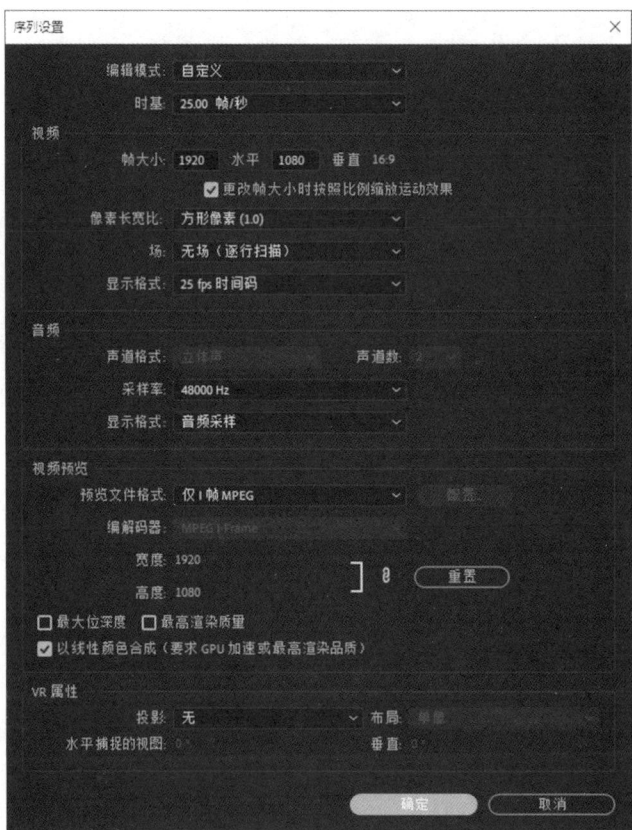

图6-33　序列设置界面

（2）字体的下载与安装。在日常使用中，PR软件内置的字体足够用户使用，但文字库中的字体较为单一，缺少特色字体，对于需要创意的新媒体制作还不够。所以用户需要在网络上下载正版字体来满足创作需求。字体下载后的安装教程如图6-34所示，下载字体文件并解压后，可以得到一个TrueType格式的字体文件，双击该字体文件并打开，在左上角选择安装，即可将字体导入电脑。

图6-34 字体安装教程

（三）添加素材与字幕

（1）导入文件后，将文件拖入时间轴面板。调整素材后，添加安装好的字幕字体样式。这里需要将字幕的时间长度拖至与素材的时间长度一致，如图6-35所示。

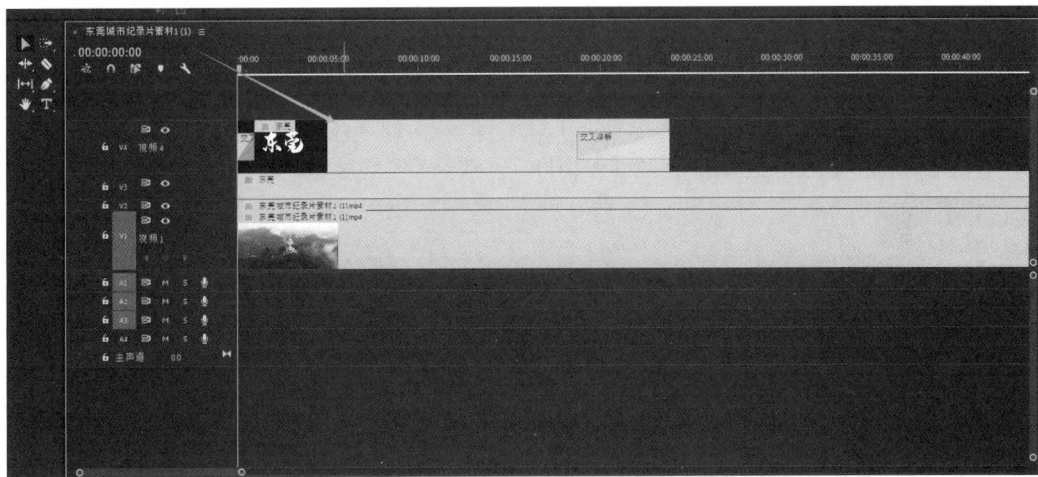

图6-35 添加字幕进入时间轴

（2）添加轨道遮罩控件。在PR软件工具栏的效果里搜索"轨道遮罩键"，将插件添加至宣传片素材的视频中。添加后，在视频的效果控件中对"轨道遮罩"键进行控制。选择视频3，将文字作为视频的遮罩，即可完成"轨道遮罩"键的设置效果，如图6-36所示。

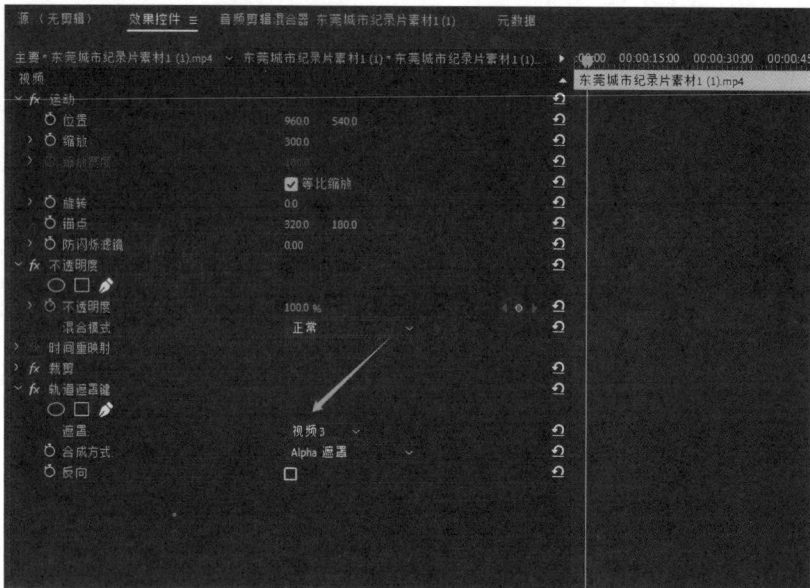

图6-36　添加轨道遮罩控件

（3）使用关键帧设置转场动画。关键帧是用于记录当下参数的一个工具，两个前后的关键帧，会使数值从第一个关键帧逐渐进行缓慢的变化。例如，将缩放在0%打上第一个关键帧，1秒后将缩放变为100%并打上第二个关键帧，则画面会缓慢从0%逐渐放大至100%。

在本任务中，需要将画面从字体进入到正片，进行转场。所以可以将城市宣传片中效果控件的位置、缩放都打上关键帧，1秒后略微将缩放设置为110%，则画面会略微放大，7秒后将缩放打上第三个关键帧100%，画面则会继续放大，直至彻底过渡至正片，如图6-37所示。

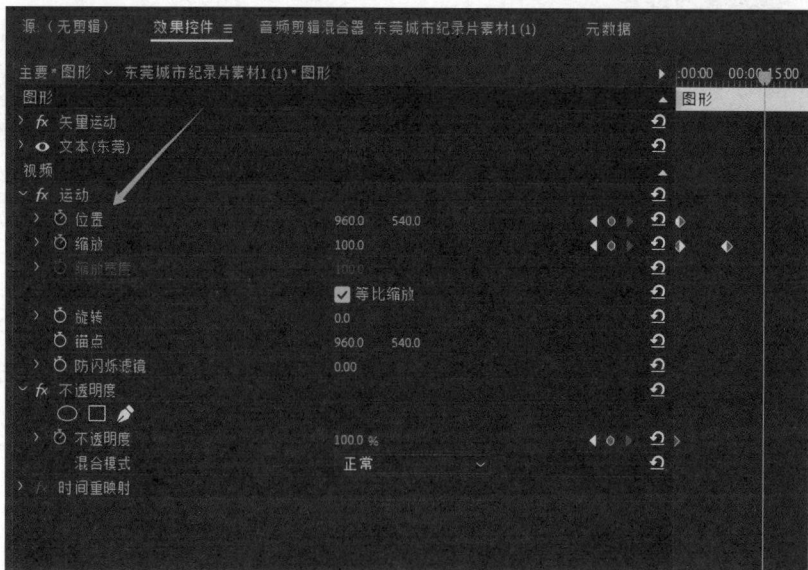

图6-37　关键帧设置参数

三、给城市宣传片照片添加定格效果

在城市宣传片中，对于有纪念意义或好看的城市素材，可以用定格效果完成视觉强化，以突出照片的美感。下面主要介绍添加帧定格、旋转等效果的方法。

（一）为照片层添加帧定格与复制效果

找到适合制作照片的素材点后，在时间轴上单击鼠标右键进行帧定格的制作，如图6-38所示。将帧定格的帧使用快捷键复制一层，用于后面的缩放效果制作。然后在效果控件加入变换效果，在复制层的旋转与缩放打上关键帧，制作出照片雏形，如图6-39所示。

图6-38 点击"添加帧定格"

图6-39 制作出照片雏形

（二）为照片层添加白边效果和背景层的模糊效果

可以使用"油漆桶"制作照片的白边效果。在效果控件中搜索"油漆桶"，并添加至照片层。在左侧效果控件中对"油漆桶"进行设置："填充选择器"选项选择"不透明度"，"描边"选项选择"描边"。最后将描边颜色从默认的红色改为白色，即可完成照片白边的设置。

将背景层进行模糊处理，可以避免因背景太实而干扰照片层的视觉效果。设置背景层的模糊效果时，需要利用"高斯模糊"。在效果控件中搜索"高斯模糊"并添加至背景层，进行数字设置后即可完成，最终效果如图6-40所示。注意：在效果控件中需要勾选"重复边缘"，否则背景层的四周将产生黑边。

图6-40　添加白边效果和背景层的模糊效果

（三）为照片层添加拍照效果

前面已经介绍过关键帧的应用方法，在本案例中，可以将照片层进行缩放与旋转。按住"Shift+←"组合键回到第一帧，将效果还原打上关键帧，即可实现照片的视觉效果。

若想在照片上添加摄影机闪光灯的白光，可以利用效果栏中的"白场过渡"来完成，如图6-41所示。

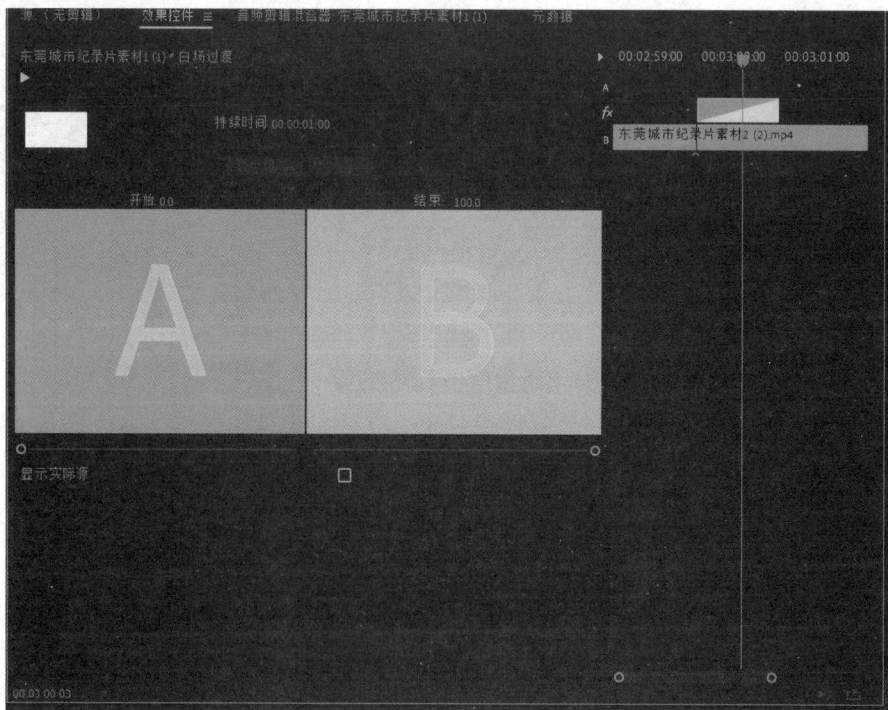

图6-41　"白场过渡"调整

还可以对白场效果进行一定的优化。即可以在效果控件中对旋转与缩放的关键帧添加缓入与缓出效果，这样可以使动画效果更加自然。再调整一下几个效果的速率曲线，使动画效果更加流畅（当关键帧变为沙漏状，则添加成功），如图6-42所示。

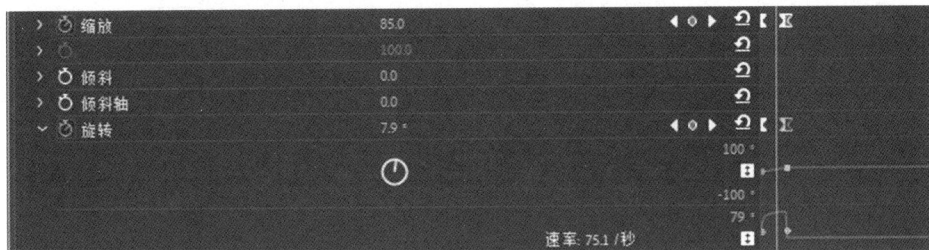

图6-42　旋转关键帧速率的调节

（四）为照片层添加3D倾斜效果

首先需要在效果栏中搜索"基本3D"，并添加至照片层。然后在之前缩放与旋转结束的那一帧添加"倾斜"关键帧，在其后几帧的后面添加第二个关键帧，即可利用关键帧完成倾斜的初步动画效果。最后在结束点添加最后一个倾斜归零的关键帧，即可保持倾斜效果的持续动画，如图6-43所示。

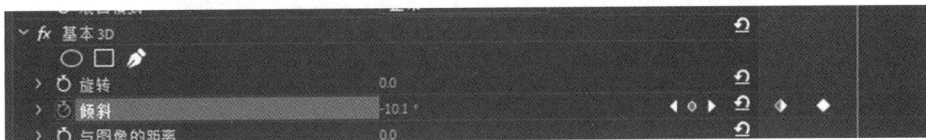

图6-43　"倾斜"关键帧

四、给城市宣传片添加片尾滚动花式字幕

接下来应给城市宣传片的片尾添加滚动字幕，同时小窗播放城市宣传片的花絮素材，模拟常见的宣传片片尾。下面主要讲解如何制作字幕的滚动效果、如何使用蒙版添加字幕的淡入效果，以及花体字的简单设置。

（一）添加字幕

（1）小窗效果的设置需要利用效果控件中的缩放和位置。将缩放调整为35%左右，再将位置的"X轴"调整至画面位于面板左侧，如图6-44所示。

（a）　　　　　　　　　　　　　　（b）

图6-44　缩放和位置的参数调节

（2）需要注意的是，本案例中的片尾素材是由经过剪辑的多段素材拼接而成的，需要复制设置好的位置参数，以便应用在后续的所有素材中。这里直接复制设置好的素材段，选中所有素材后单击鼠标右键，选择"粘贴属性"，在"粘贴属性"中只勾选"运动"，即可实现将位置缩放参数的设置覆盖到所有片段，如图6-45所示。

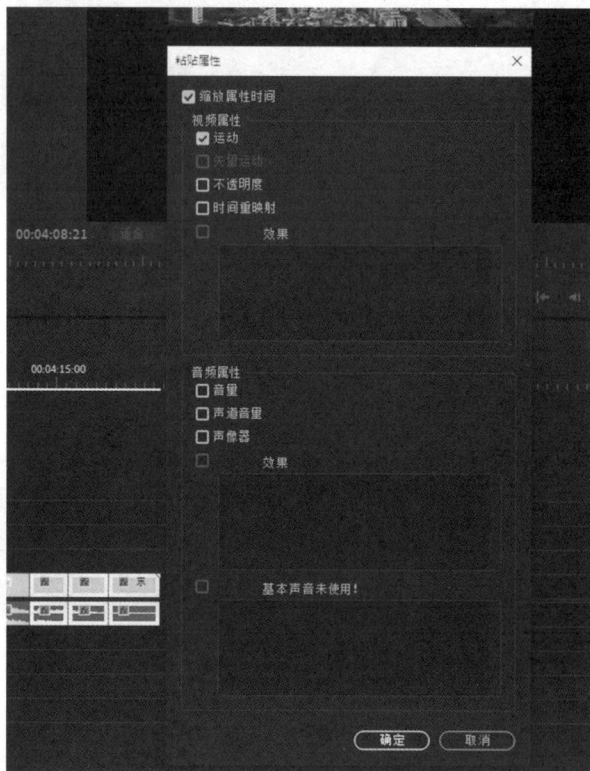

图6-45 "粘贴属性"勾选"运动"

（3）完成视频处理后，再分行添加编辑好的字幕，并使用文本框将其放入视频右侧，如图6-46所示。

图6-46 字幕文本框放置于视频右侧

（二）添加字幕滚动动画与淡入效果

制作字幕的滚动动画时可以利用效果控件中的位置参数。先将字幕的"Y轴"数值调至底部，打上第一个关键帧；再在素材末尾将"Y轴"数值调整至画面顶端，打上第二个关键帧，即可完成设置。

制作字幕的淡入效果时，可以使用蒙版效果制作。在效果控件的"不透明度"中，用正方形圈取字幕范围，自动形成蒙版，实现淡入效果。为了使蒙版效果更明显，可以将蒙版设置中的羽化参数调至100%，如图6-47所示。

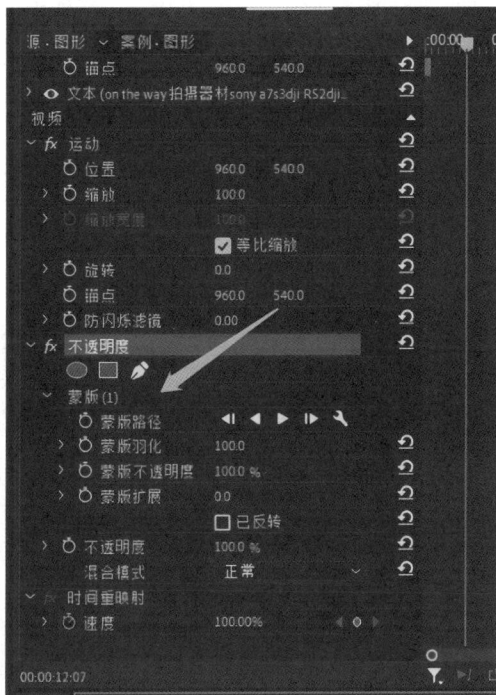

图6-47 蒙版参数调节

本任务为在PR软件上完成城市宣传片的制作。在制作城市宣传片之前，首先要具备正确的剪辑思路，在前期做好拍摄工作与素材选择工作。本任务主要讲解了城市宣传片前期、中期、后期中的常用操作。

在前期的片头制作中，讲解了如何进行字体添加，如何进行字体格式的设置，如何进行关键帧的设置，以及利用蒙版制作转场效果。

在中期的正片制作中，讲解了如何利用帧定格完成照片的定格特写，以突出城市中的特写画面。

在后期的片尾制作中，讲解了如何制作滚动字幕。

对于本任务所讲内容，应多加回顾，并复习相关操作，对每个插件的作用要做到烂熟于心，为学习后续进阶操作打好基础。

扩展探索 >>>

请自行下载相关素材，使用Adobe Premiere Pro软件完成学校运动会视频的制作。

任务四　使用剪映App制作毕业纪念册短视频

本任务要求使用剪映App完成毕业纪念册短视频的制作。毕业纪念册短视频的作用是影像的留念，因此制作风格趋于生活化与日常化。剪映App可以使用大量第三方素材，并在软件内直接进行编辑使用，包括合适的BGM、效果音等，对于制作生活化题材的短视频较为方便。毕业纪念册短视频制作的详细步骤如下。

一、任务素材确认

制作毕业纪念册短视频用到的素材有大量的同一背景图片和一段黑板图片素材，以及"我们毕业啦"字样的图片，如图6-48所示。在BGM的选择上，可以根据实际情况选择自己喜欢的音乐。

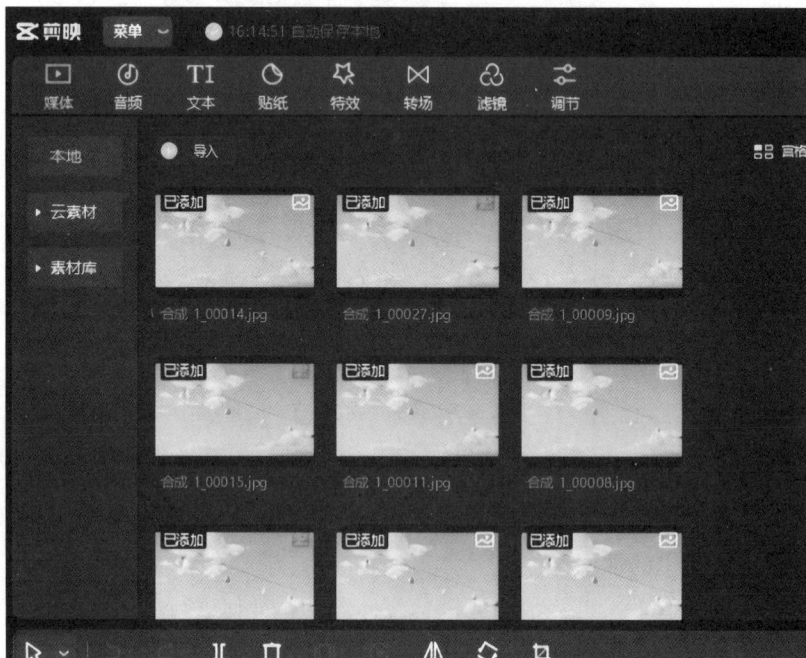

图6-48　筛选素材

二、任务步骤详解

（一）制作全班同学名字合影的片头效果

（1）在时间轴的主轨道上，拖入黑板图片，并将时长拉长。将"我们毕业啦"字样的图片拖入时间轴的第二条轨道，并在右边效果区添加渐显效果，时长为1秒，如图6-49所示。"我们毕业啦！"下方的空间预留给全班同学的名字，如图6-49所示。

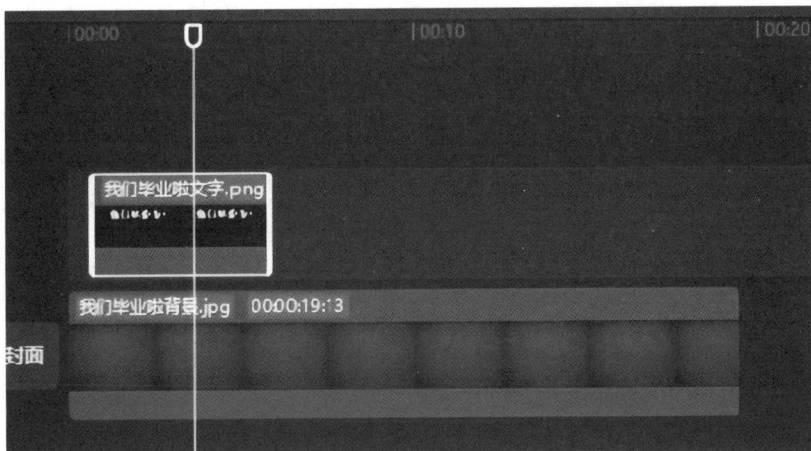

图6-49 拖入黑板图片

（2）使用工具栏中的文本工具，输入大学名称及班级名称。复制一层后，再输入全班同学的名字。然后将时间轴上的三个素材进行对齐，保证同时出现、同时结束。最后为两个文本字幕添加喜欢的入场动画，如图6-50所示。

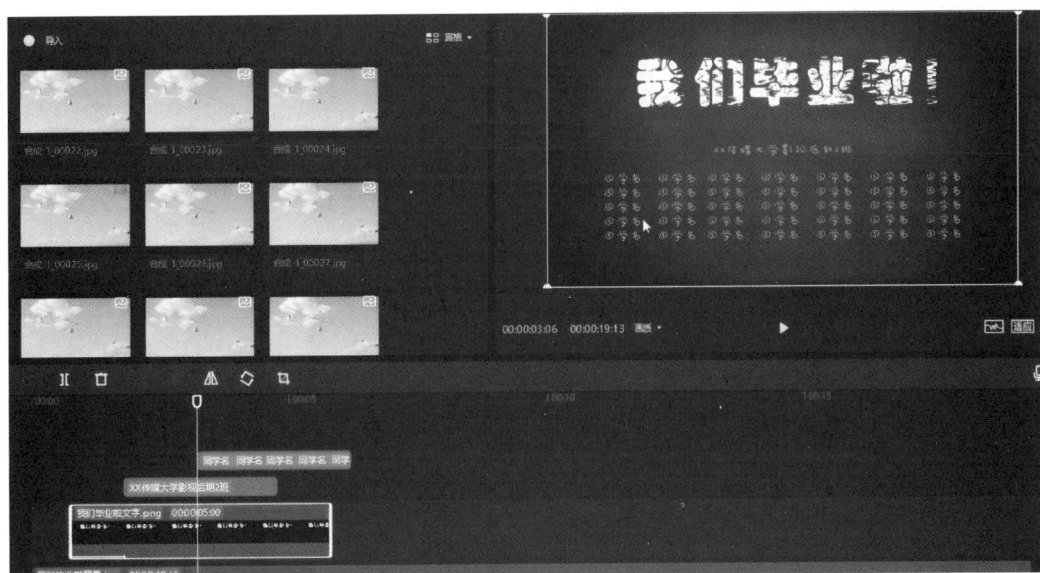

图6-50 使用文本工具复制姓名

（二）制作纪念册图片的拼接效果

片头制作完成后，可以添加照片素材。为了避免照片像幻灯片一样一张一张地出现，可以利用剪映App特有的美化功能对照片进行美化。首先需要在右侧的设置栏将照片导入，并缩放为30%；然后选择"素材库"→"边框"，选择"粉黄渐变"效果，如图6-51所示。

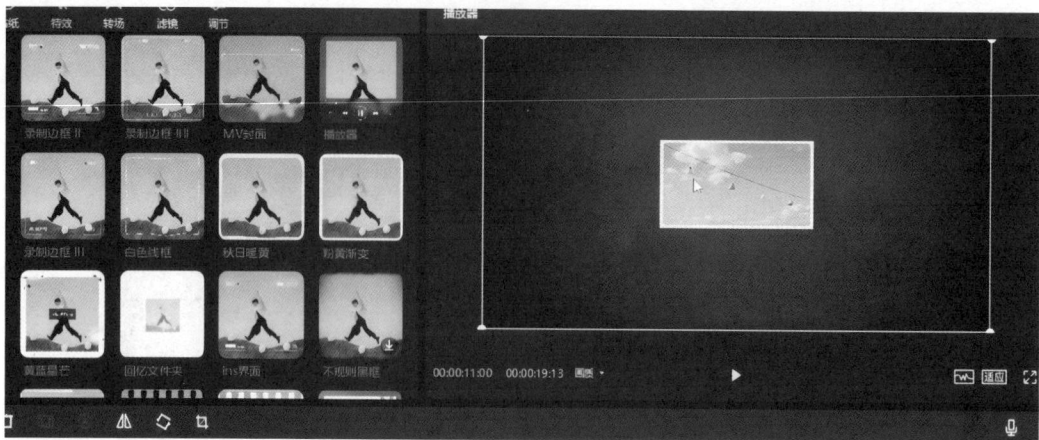

图6-51 完成拼接操作

（三）设置照片入场动画

下面需要利用"不透明度"与位置的关键帧来完成入场动画的制作。首先将照片拖到画面边缘（入点），给位置打上第一个关键帧，并将"不透明度"调为"0%"，在"不透明度"处打上第二个关键帧，然后将照片拖到画面中间，将"不透明度"变为"100%"，此时会自动形成第三个关键帧，照片就实现了从不透明到渐渐清晰的入场效果。注意：如果需要更加独特的效果，可以加上旋转效果。

将做好入场动画与相框的照片在时间轴复制5层。在剪映App中复制的素材会保持原素材中关键帧的设置，因此可以得到5张均具备动画与边框的照片。在时间轴上对这5张照片进行细节方位的调节。然后可以添加文本框并输入自己喜欢的文字，实现更好的效果。

将设置的文字层与底层的5张照片整体复制粘贴，根据照片的数量选择粘贴次数。为了美观可以调节字体的位置、照片的倾斜角度等，如图6-52所示。

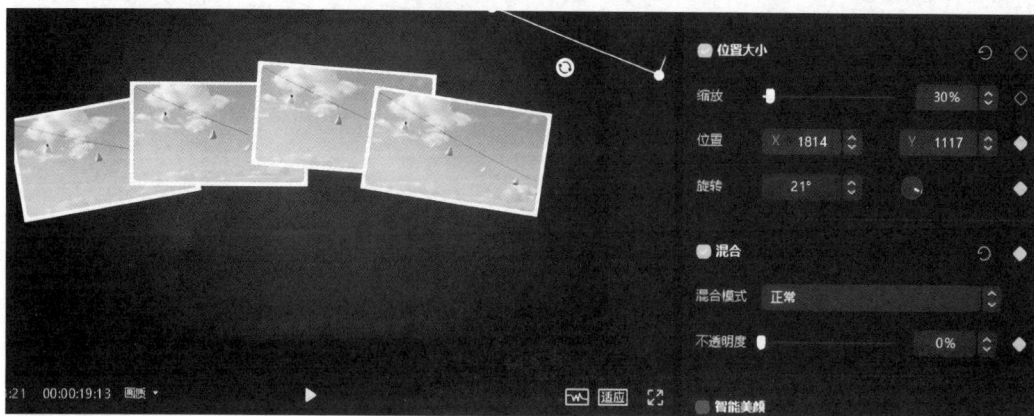

图6-52 调节旋转、位置参数

（四）制作特写照片的动画效果

（1）选择一些较为喜欢的照片作为特写照片，可以将它们放大至整个画面进行展示。选择好照片后，需要添加一个缩放的动画效果，将动画时长调至5秒。

（2）利用剪映App丰富的素材库，在"素材库贴纸"中搜索"录像"动画，添加至特写照片，如图6-53所示。

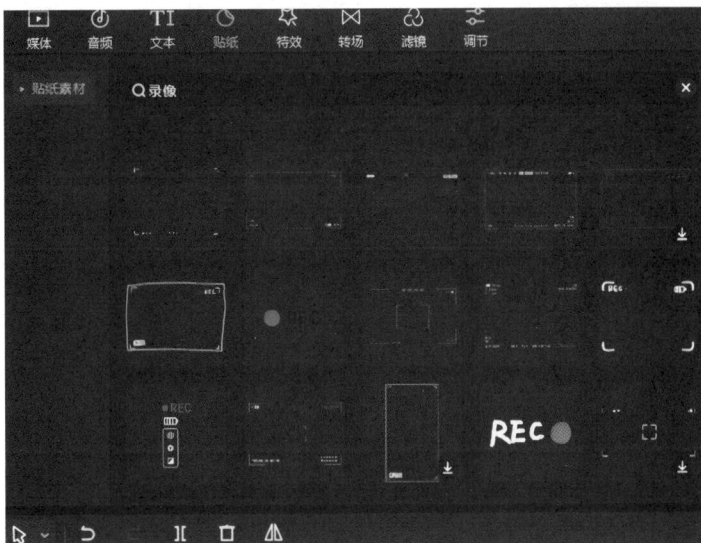

图6-53　添加剪映动画素材

（3）将"相约再见"的文字素材导入最后一张特写照片。为了形成对比，给文字素材添加一个放大效果，同样将动画时长调节至5秒，与照片的缩放时间一致。

（五）添加毕业纪念册BGM

得益于剪映App强大的素材库，可以在素材库中轻松地找到合适的BGM，以插入视频。而且该素材库中的音乐多数是经过剪辑的，更加利于视频的制作。在"音频"选项中选择符合毕业季主题的歌曲《最后的夏天》（如图6-54所示），并添加至下方时间轴，然后将音乐长度裁剪至与视频长度相符。

图6-54　添加合适的背景音乐

（六）替换素材

在本任务中，为了便于制作，将同一素材放进时间轴进行制作。当所有效果制作完成后，便可以开始替换自己想要的素材至正片了，即可以将文件中的照片直接拖拽至时间轴完成替换，如图6-55所示。

图6-55　替换素材

本任务要求在剪映App中制作短视频。在操作上，讲解了关键帧的添加与素材的复制、旋转、编辑等。在功能上，讲解了剪映App中的贴纸库、自带的动画效果（如缩小，渐隐等）。还讲解了剪映App独有的曲库，可以快速选择符合场景的音乐并添加至短视频。其实可以发现，相较于上一个任务中的PR软件，制作这类日常生活短视频时，剪映App还是有其独特优势的。因此，在以后制作视频的过程中，应根据不同的情景灵活选择不同的软件以完成视频制作。

扩展探索 >>>

请自行下载相关素材，完成剪映App剪辑与图片美化练习。